CW01551222

Vive la baguette

Philippe Viron

VIVE LA BAGUETTE

Préfacé par
Jean Dutourd,
de l'Académie française

Éditions de l'Épi Gourmand
1, square Montpensier
78150 Le Chesnay
Téléphone : 39 54 84 01
Télécopie : 39 66 05 54
RCS Versailles B 393 413 091
Conception-rédaction : Jean-Paul Danain
Maquette, réalisation et suivi de fabrication : Jean-Paul Danain
Prises de vue : Jean-Paul Danain
Sauf page 21 : Didier de Royer
et paysage de couverture : P. Lefèvre
Pictogrammes des recettes : Dimitri Danain
Correction : Bernard Teboul
Photogravure : QUO media, 92150 Suresnes
Impression : Dips, 21800 Quetigny

LA PATRIE DU PAIN

par

Jean Dutourd,

de l'Académie française

Quand j'étais petit, un des spectacles charmants de la rue était les enfants qui revenaient chez eux en tenant à la main comme un cierge la baguette qu'on les avait envoyé acheter. Le pain était si bon alors, si croustillant, si vrai, c'était une telle friandise qu'ils ne résistaient pas à en grignoter le croûton, et quand ils arrivaient chez eux, il n'était pas rare qu'ils eussent mangé un quart de la baguette, ce qui provoquait des lamentations rituelles de la mère de famille qui s'écriait : "Tu n'auras plus faim à dîner !".

Souvent je pense à ce pain qui n'existe plus. Autrefois la France était la patrie du pain. Les Américains venaient chez nous pour en manger. On leur en expédiait par avion. Pagnol leur en avait donné le goût avec son chef-d'œuvre : *"La Femme du boulanger"*, et ils n'étaient pas déçus. Tous les boulangers de France faisaient du bon pain comme Raimu. S'ils visitent encore la France, ces bons Américains, ce n'est certes pas pour le pain qu'on y sert et qui est aussi mauvais que partout ailleurs dans le monde. Triste résultat du progrès, de la science, de la technique et des industriels qui veulent gagner de l'argent en se fichant bien de tout détruire.

Parmi les ministères saugrenus que les imaginatifs de la Ve République inventèrent, il en fut un qui était particulièrement comique. Il s'appelait *"ministère de la Qualité de la vie"*. Voilà une douzaine ou une quinzaine d'années qu'il a disparu. Je mets au défi qui que ce soit de dire aujourd'hui qui en détenait le portefeuille et surtout en quoi il a empêché que cette pauvre vie continuât à se détériorer inexorablement.

Par bonheur, quand tout va mal, un héros, un homme privé, qui n'a pour lui que son courage et sa droiture, pousse des cris de douleur et se met en devoir, à lui seul, de sauver le monde, c'est-à-dire de partir en guerre contre quelque chose qui révolte son cœur. Le livre que voici est celui d'un meunier qui n'a pas pris son parti que les Français, après avoir mangé pendant quelques siècles le meilleur pain du monde, n'aient plus à se mettre sous la dent que le pire. Mon meunier veut, dans son domaine, restaurer la qualité de la vie. Il a pensé que je l'aiderais à être entendu. Ma foi, s'il y a une chance sur mille ou un million pour que ce soit vrai, j'en serais égoïstement content. Quelle divine surprise de retrouver le goût que le pain avait dans mon enfance !

PRÉSENTATION

par

Philippe Viron,

meunier

Ami lecteur,

Issu d'une famille qui s'enorgueillit de compter des meuniers parmi ses fils depuis six générations, c'est avec le plus grand plaisir que j'ai entrepris de réaliser cet ouvrage.

Mais qui suis-je pour m'adresser ainsi à vous ?

Né en 1930, j'ai pu apprécier dans mon enfance le goût du vrai pain. Puis la guerre est venue, suivie par la période de reconstruction qui connut un formidable essor économique. L'urgence privilégia l'aspect quantitatif, au détriment de la qualité.

Nous souffrons encore des conséquences de ce choix d'une industrialisation à outrance qui s'est insinuée dans tous les domaines de la vie économique. Allant jusqu'à gangrener des pans entiers de la société, elle aboutit à une sorte de normalisation de tous les aspects de notre vie, la touchant dans ce qu'elle a de plus quotidien. C'est cette période qui a enfanté le pain ultra-blanc et sans saveur que l'on reproche aux boulangers aujourd'hui.

Bien que meunier issu d'une longue tradition familiale, je me suis moi-même contenté de cette qualité de pain, considérant qu'il était primordial de satisfaire le plus grand nombre. J'aimais le pain et j'en parlais, je le choisissais toujours bien cuit sur sole et j'étais un amoureux des coups de lames, cette signature du boulanger. Mais je n'attachais pas assez d'importance à la saveur de la mie.

Cette période est révolue pour moi depuis ce jour de 1987 où la bonne baguette de mon enfance s'est rappelée à mon souvenir...

Tout commença par l'appel téléphonique d'un boulanger au patronyme prédestiné de Meunier, établi rue de l'Ourcq, dans le 19e arrondissement de Paris. Il était désespérément à la recherche d'une farine pure, sans addition d'améliorant d'aucune sorte contrairement à toutes les farines qui se trouvent sur le marché.

"Voulez-vous vraiment faire des galettes ?" lui dis-je. Il me répondit tranquillement : *"Dès que vous m'aurez livré,*

passez donc me voir et je vous montrerai mes galettes."

Curieux, et toujours passionné de tout ce qui se rapporte au pain, je lui rendis visite quelques jours après la livraison. Quelle ne fut pas ma surprise de voir une superbe baguette. Mais je n'étais pas au bout de mes découvertes et mon étonnement fut à son comble lorsqu'il me la fit goûter.

C'était vraiment la perfection ! Une croûte bien cuite, dorée à point, mais aussi une mie crème, irrégulièrement et sauvagement alvéolée, ai-je pris l'habitude de dire... Un goût et une odeur incomparables... qui me firent rêver.

Je venais de retrouver la saveur du bon pain d'autrefois, et m'érigeai, à dater de ce jour, en croisé de cette qualité, qui seule fera reprendre aux consommateurs le chemin des boulangeries.

Au-delà du constat, au-delà des lamentations que l'on n'entend que trop, il faut que tous réagissent et innovent. Chacun à sa place, l'agriculteur au champ, le meunier dans son moulin et le boulanger à son fournil, peuvent apporter les réponses qui se trouvent à leur portée. En choisissant de remettre en cause la routine et le laisser-aller, tous ces professionnels pourront, tous ensemble, porter la bonne nouvelle aux consommateurs : *"La vraie baguette est de retour et elle vous attend chez votre boulanger."*

Les consommateurs peuvent également jouer un rôle essentiel dans cette réhabilitation de la qualité. Ils y sont intéressés au premier chef. Et quelle joie que de pouvoir éprouver un plaisir si simple et si essentiel à chacun des repas de la journée. Encore faudrait-il que ces amateurs potentiels soient informés.

Ma seule ambition, au fil de ces pages, est de réhabiliter les métiers de boulanger et de meunier et de donner à chacun les éléments d'information qui lui permettront de forger son propre jugement, à l'écart des modes et des nombreuses sollicitations en tout genre qui ont trop souvent fait dévier nos belles professions.

Philippe Viron,
Meunier

INTRODUCTION

Un béret, une baguette sous le bras et voilà le personnage croqué transformé en Français typique pour les lecteurs de tel journal américain ou de tel magazine japonais. Dans le monde entier, quel dessinateur humoristique omettrait d'affubler un Français de ce dernier accessoire... indispensable ?

Et ce n'est pas un hasard si la baguette figure en bonne place dans le tiercé de tête des objets usuels auxquels on associe nos concitoyens. Cette baguette qui symbolise si bien notre art de vivre et que nous envient les gourmets du monde entier, si l'on en croit le succès rencontré sur tous les continents par des imitations qui n'ont souvent d'autre attrait que son nom.

Cette baguette qui est pour nous d'un usage si quotidien, si évident, qu'on en oublierait presque sa présence. Et pourtant... Voilà un aliment essentiel, bon marché de surcroît et qui, des tartines beurrées du petit déjeuner aux croûtons de la soupe du dîner, du casse-croûte entre amis au petit creux solitaire, nous accompagne tout au long de nos journées, toujours fidèle, toujours discret.

Nulle salade, nul poisson dont le goût sera contrarié par une tranche de baguette, pas une viande, une sauce ou un fromage dont les saveurs seront affadies par notre bonne baguette. Elle fait partie intégrante de notre vie et les moins jeunes se souviennent avec délice de la barre de chocolat accompagnant la tartine de pain du goûter qui mariait si bien les arômes de cacao à ceux légèrement caramélisés de la baguette.

Mais notre mode de vie a changé. Nous avons grandi et peut-être perdu le goût des choses simples. Au nombre de celles-ci, figure cette bonne baguette goûteuse et croustillante que l'on ramenait de la boulangerie odorante sans résister à la tentation d'entamer le croûton sur le chemin du retour.

La baguette aussi a changé et chacun regrette son goût si simple et si familier qui mettait nos papilles en émoi. Comment se contenter de ces pains sous Cellophane que l'on glisse d'une main distraite dans le caddie du supermarché ? Comment apprécier ce produit insipide si éloigné de la bonne baguette que nous avons connue ? Comment s'étonner que 400 000 tonnes de ce pain dont la fadeur le dispute à la blancheur finissent dans les poubelles de notre pays ? On en oublierait presque de s'indigner...

Au-delà du simple constat, il est nécessaire de s'interroger sur les raisons qui ont conduit à la situation actuelle. Si la longue histoire du pain remonte à quatre millénaires avant notre ère, la baguette, elle, est une petite jeunette d'une centaine d'années. Si sa vie a bien commencé, elle eut à souffrir comme nos compatriotes des circonstances dramatiques qui ont affecté notre siècle.

Il serait trop facile d'accuser les boulangers de tous les maux de la Terre et de faire grief à cette seule profession de la baisse de la qualité du pain. Ce serait oublier les contraintes de la taxation du prix du pain qui les incita à rechercher ailleurs la rentabilité indispensable à toute. entreprise. Puisque les pains spéciaux et les pains fantaisie échappaient au contrôle des prix, nombreux furent les professionnels qui s'engouffrèrent dans ce créneau, délaissant la baguette.

Le développement des boulangeries industrielles puis la mise au point de nouveaux modes de fabrication *rationnels* du pain ont également porté un grave préjudice à la saveur de la baguette, à son aspect et à sa conservation. Si bien que, depuis quelques années, le consommateur a les plus grandes difficultés à savoir ce qui lui est vendu sous la dénomination de *baguette*. Est-ce le produit d'une boulangerie industrielle, celui d'un terminal de cuisson ou bien l'œuvre d'un artisan boulanger ?

L'agriculture et la meunerie, par la recherche effrénée du rendement, de la productivité et du profit à court terme, ont une grande part de responsabilités dans les changements qui se sont opérés. Mais ce tableau ne serait pas complet si l'on oubliait le consommateur qui, trop souvent, s'est contenté de la médiocrité qui lui était proposée.

Faut-il pour autant baisser les bras et remiser la baguette au rayon des souvenirs ? Tous ceux qui ont eu la chance de juger et d'apprécier l'authentique qualité d'une bonne baguette, faite dans les règles de l'art, ne peuvent l'oublier et sont prêts à faire un détour par la boulangerie de l'artisan qui la propose. Depuis quelques années, de nombreux boulangers ont pris le parti de la qualité et c'est aux consommateurs de les soutenir dans cet effort. D'autant que le gouvernement lui-même s'est mis de la partie en publiant un décret qui doit aider le consommateur à séparer le bon grain de l'ivraie. Mais au-delà des réglementations, il importe que chaque amoureux de la baguette la défende quotidiennement et convertisse son entourage. C'est par l'information de chacun que passe l'amélioration de la qualité dont tous se féliciteront.

Redonner le goût de la vraie baguette et remettre le plus grand nombre sur le chemin des boulangeries artisanales, telles sont les ambitions de cet ouvrage. Réhabiliter la qualité, permettre à chacun de la reconnaître et de profiter de ses bienfaits passe par l'information et l'éducation des consommateurs. Mais expliquer sérieusement n'est pas plus synonyme d'ennui que d'austérité.

En dehors de nombreuses anecdotes et de très utiles conseils pratiques, le lecteur trouvera dans ces pages des recettes de cuisine créées pour la circonstance par onze des plus prestigieux cuisiniers parisiens. Preuve, s'il en était besoin, que la baguette sait sortir de la banalité et donner un air de fête à chaque repas dès lors qu'elle trouve sur les tables la place qu'elle mérite.

Les auteurs ne doutent pas que les professionnels de talent et les amateurs de bon pain soient encore assez nombreux pour être le ferment d'un avenir où la qualité retrouvera dans les fournils la place qu'elle n'aurait jamais dû quitter.

Puisse ce livre aider les uns et les autres dans cette noble entreprise.

LA BAGUETTE,
UN CHEF-D'ŒUVRE COLLECTIF

Depuis des siècles, le pain français nous est envié par toute la planète. Il est cité en exemple par les étrangers qui, un jour, ont eu le bonheur de le goûter. La baguette de tradition a donné à la boulangerie hexagonale ses lettres de noblesse. Un des innombrables témoignages est celui que rapporte Georges Lecomte, de l'Académie française à la fin des années trente dans un article paru dans *Le Journal* : "*Récemment, dans la fourmilière qui s'agite à la Société des nations ou autour d'elle, un étranger, depuis longtemps ami de la France, m'a dit : "je connais bien votre pays et lui suis très attaché. Savez-vous ce qui, de tout temps, m'a le plus émerveillé et enchanté ? Tout simplement le pain de France, très blanc, bien levé, léger et savoureux sous sa croûte dorée, cuite à point, croquante... la mince baguette de luxe, couleur d'acajou ou couleur de blé mûr, saupoudrée de fleur de farine sur ses arêtes durcies au feu et ses surfaces chaudement blondes*"... *Comme à ce moment-là nous déjeunions dans une auberge de Savoie qui n'a pas perdu les traditions d'une excellente cuisine villageoise, tout en jetant ce dithyrambe à la gloire du pain français, mon ami étranger se passait voluptueusement sous les narines un morceau croustillant de ce pain fait de bon froment, pétri avec conscience, bien cuit, aéré en sa carcasse resplendissante, comme le soleil sous lequel a mûri la moisson de l'été, et qu'il pétrissait lui-même de ses doigts comme pour en échauffer l'odeur afin de la mieux percevoir. Incomparable ! affirma-t-il, les yeux mi-clos... Pas un pays au monde qui en fabrique de pareil.*"

L'histoire a gardé le souvenir de nombreux inventeurs. Notre reconnaissance va tout naturellement à ceux qui, grâce à leurs découvertes, ont fait reculer la maladie. Nous fêtons également tous les scientifiques qui nous ont permis de mieux appréhender le monde qui nous entoure. Un sourire s'ébauche parfois à l'évocation des inventeurs dont les créations sont indispensables, utiles, ou parfaitement farfelues. Des monuments ou des plaques commémoratives les rappellent à notre souvenir. Les plus grands ont même donné leurs noms à des rues, des places ou des avenues. Mais, parmi tous ces bienfaiteurs de l'humanité, il n'y a pas la moindre trace du créateur de la baguette. Les Français si prompts à ériger des stèles frapperaient-ils d'ostracisme un tel philanthrope ? Ou bien aurait-il commis un crime si inavouable que la postérité ait jugé inutile d'évoquer jusqu'à son nom ou son souvenir ? La réalité est bien plus banale. Car il en est de la baguette comme de nombreuses découvertes dont on ne peut célébrer l'illustre inventeur. Il appartient à cette masse de créateurs inconnus. Ou il serait plus exact de dire que ce n'est pas un mais plusieurs maîtres boulangers qui l'ont portée sur les fonts baptismaux. La conjonction et la simultanéité de nombreux progrès qui ont fait avancer tout à la fois la meunerie et la boulangerie ont permis à la baguette de voir le jour à la fin du siècle dernier. Et c'est à ces professions qu'il faudrait rendre hommage. Chaque perfectionnement apporté par tel ou tel boulanger anonyme a permis l'émergence de ce chef-d'œuvre collectif.

LES CINQ SENS EN ALERTE

Pour être bonne, la baguette se doit d'être belle. Selon une définition en usage, pour qu'une baguette soit agréable à consommer et facilement supportée, elle doit être convenablement développée, bien cuite, de bel aspect et de bon goût. Elle est appétissante et se reconnaît entre mille. Comme le dit si bien Jacques Puisais, le créateur de l'Institut français du Goût à Tours, et aussi surprenant que cela puisse paraître au profane, nos cinq sens seront mis à contribution pour la distinguer. Le goût et l'odorat, bien sûr mais également la vue, le toucher et l'ouïe seront stimulés par une vraie baguette française de tradition.

Avant même de franchir le seuil d'une boulangerie, la bonne odeur de pain bien cuit, ses notes légèrement caramélisées flottant dans l'air nous enrobent. Sortant du soupirail ou d'une bouche d'aération, les effluves doivent mettre nos narines en émoi. Mieux que la plus belle des enseignes ou la plus tapageuse des publicités, c'est le fumet qui s'exhale d'une boulangerie qui doit nous engager à franchir le pas de la porte en nous mettant en appétit. C'est notre premier contact avec le boulanger et son travail. En entrant dans la boutique, nos yeux sont attirés par l'alignement des baguettes disposées sur les rayonnages derrière le comptoir. Regardons de plus près une de ces baguettes. Faite selon la recette traditionnelle, elle pèsera de 250 à 300 grammes pour 70 centimètres de longueur et environ 6 centimètres de diamètre. Laissons à présent nos sens scruter cette baguette dans le moindre détail.

La vue nous permettra de juger l'aspect de sa croûte lisse et régulièrement dorée qui ne présentera aucune cloque. Il convient de noter que la coloration de la croûte ne permet pas d'estimer le degré de cuisson d'une baguette. En effet, une baguette très cuite n'est pas nécessairement plus colorée qu'une baguette cuite à point. Aussi, demander à son boulanger *une baguette pas trop cuite* ne signifie rien.

C'est même une hérésie car le pain doit être cuit à point pour être bien digeste. Mince et croustillante, une belle croûte appétissante craquera sous une faible pression des doigts et ne sera ni dure ni cassante. Elle portera la signature de l'artisan qui l'aura façonnée. Cette touche personnelle prend la forme des coups de lame que donne le boulanger juste avant l'enfournement du pain. Parallèles et d'égale longueur, ces *grignes* se gonflent et se boursouflent sous l'effet de la chaleur du four sur toute la longueur de la baguette. La partie supérieure de ces entailles donne naissance à une arête bien nette, *l'oreille*, qui sera d'un ton brun plus soutenu que la partie ventrue, légèrement plus claire que le reste de la croûte. Ces coups de lame sont essentiels au bon développement de la baguette car ils lui permettent d'atteindre une maturité optimale en laissant une issue au gaz carbonique et à la vapeur d'eau.

Retournons la baguette et, après avoir observé son dos, examinons la *sole*, sa partie inférieure qui tire son nom de l'endroit du four sur lequel reposent les

De haut en bas, le dos, la sole, le côté et la mie de deux baguettes. Celle de gauche est une baguette de qualité alors que celle de droite a été fabriquée selon des méthodes inspirées de l'industrie.

pâtons durant la cuisson. Cette sole permet à notre ouïe de remplir son office en nous renseignant sur le bon degré de cuisson de la baguette. En effet, lorsqu'elle est frappée par une pichenette, elle produit un son bien distinct de tambour. De couleur plus terne que la croûte supérieure, la sole ne devra être ni salie ni brûlée. Lorsque l'on distinguera une empreinte en forme de nid d'abeilles, cela signifiera que la baguette a été cuite dans un four dit *rotatif* dont l'utilisation impose hélas de nombreux compromis avec les méthodes traditionnelles d'élaboration. En outre, ces baguettes qui reposent dans des emplacements aménagés spécialement sur des filets sont trahies par une transition brutale entre la sole et le dos. Une baguette cuite sur sole offrira une multiplicité de nuances entre ces deux parties.

La baguette en main doit nous donner une impression de légèreté due à l'action des ferments qui font gonfler la pâte. Cette notion est liée à la densité du pain. Plus la mie sera aérée, plus faible sera le poids de la baguette. Néanmoins, une baguette traditionnelle sera toujours plus lourde qu'une baguette industrielle. Puisque nous en sommes au toucher, intéressons-nous à la mie. Pour pouvoir la juger, découpons un morceau de cette baguette et vérifions que la mie adhère bien à la croûte, qu'elles sont solidaires. Regardons les alvéoles qui la forment. Ces petits compartiments aux parois fines et nacrées doivent être irrégulièrement répartis et de taille variable. On parlera d'une mie sauvagement alvéolée pour traduire cette impression de foisonnement que donne une baguette traditionnelle par opposition à une mie aux alvéoles trop fines et trop régulières. Une mie à l'alvéolage trop fin sera souvent qualifiée de mousseuse en raison d'un travail inadéquat. Élastique, la mie reprendra sa forme initiale après avoir subi une légère pression du doigt.

La couleur de la mie est révélatrice de la manière dont la baguette est confectionnée. Blanche, elle aura été maltraitée au cours du pétrissage alors qu'une teinte blanc crème uniforme témoignera du soin apporté par le boulanger.

Lorsque nous avons coupé notre baguette, nos narines ont senti le bon parfum de froment s'exhaler de cette mie que ne trahissait aucune odeur indésirable, de levure par exemple. Des études très poussées ont permis de révéler que le *bouquet* de la baguette fait intervenir 150 composés différents qui, tous à des degrés divers, participent à la formation de son arôme. La complexité de cet arôme est due pour une grande part à la succession de transformations que subit le blé avant de se métamorphoser en baguette. Parmi les quelques cinquante fragrances identifiées, on peut noter la présence d'odeurs florales, en particulier de rose et de violette qui voisinent avec un parfum de noisette, de verdure, de grillé et de champignon. On a même isolé un parfum se rapprochant de celui des pommes de terre frites qui font beaucoup, elles aussi, pour le renom de notre pays auprès des étrangers. La croûte quant à elle exhale d'agréables odeurs de grillé et de caramel.

Après avoir scruté la baguette sous toutes ses coutures et mis quatre de nos sens en émoi, il est temps de la croquer à belles dents pour faire intervenir le goût. Une baguette de tradition n'est ni fade ni trop salée. Le goût caramélisé de sa croûte s'allie à la douce saveur de sa mie, mariage de la noisette et du froment. Nulle trace d'acidité qui, en revanche, caractérise les pains au levain. Cette acidité accroît notablement les sécrétions salivaires, amalgamant la mie et gênant la déglutition. Au contraire, avec une baguette de tradition, la *mâche* est agréable et la mie facile à avaler car elle ne colle pas en bouche.

QUE FAUT-IL POUR FAIRE
UNE VRAIE BAGUETTE ?

Confectionner une baguette de qualité qui réjouisse à la fois l'œil et le palais demande un indéniable savoir-faire et fait de la boulangerie un art plus proche de la magie que de la chimie. La baguette de tradition est un aliment qui nécessite uniquement des produits naturels et sains : de la farine de froment, de l'eau, du sel et de la levure. La France est, pour notre plus grand bonheur, le pays où de nombreuses substances autorisées ailleurs, sont totalement prohibées par une réglementation destinée à protéger la santé du consommateur.

Une fois les matières premières soigneusement sélectionnées par le boulanger, la baguette ne prendra vie que grâce aux gestes précis de l'artisan qui respectera la recette dont la simplicité peut sembler confondante. Mais il ne faut pas s'y tromper : pour l'amateur, la réussite d'une baguette à la maison relève du coup de chance. Il faut toute l'expérience du professionnel chevronné pour offrir, jour après jour, de belles baguettes goûteuses et croustillantes à une clientèle ravie.

Le diagramme de fabrication du pain se décompose en six étapes :
1/Le pétrissage
2/La première fermentation
3/La division et le façonnage
4/La deuxième fermentation
5/L'enfournement et la cuisson
6/Le défournement et le ressuage

Mais avant tout cela, il y a le blé et le céréalier, la farine et le meunier…

LE GRAIN DE BLÉ

C'est au milieu de vastes champs de blé que commence la longue aventure de la baguette. Pour le botaniste, le blé est une plante de la famille des graminacées appartenant au genre triticum. Les graminacées ou graminées réunissent l'ensemble des céréales, le bambou, la canne à sucre, et toutes les herbes qui tapissent les prairies, les savanes ou les steppes. Le blé que nous connaissons aujourd'hui a pour ancêtre l'engrain (triticum monococum ou triticum spontaneum) dont la particularité est de ne donner qu'un seul grain. Cette plante originelle a eu une descendance prolifique puisque plus de 30 000 variétés distinctes ont pu en être étudiées.

Plus de 90 % de la production mondiale provient de variétés de blés tendres (triticum vulgare) seuls propres à faire de la farine panifiable alors que les blés dits durs (triticum durum) servent principalement à la semoulerie et à la préparation des pâtes alimentaires.

Au XIXᵉ siècle, un moine allemand, Johann Gregor Mendel, codifiait les lois de la génétique. Elles allaient, au début de notre siècle, trouver leur application dans l'amélioration des variétés de blés ensemencés. Ces découvertes ont permis la mise au point de blés capables de pousser dans des conditions climatiques rudes, de leur conférer des qualités de résistance au milieu ou une meilleure aptitude au rendement.

Un des critères de classement des variétés de blé est l'alternativité. C'est la faculté qu'ont les graines de se développer sans avoir subi les rigueurs de l'hiver, la vernalisation. L'alternativité est nulle pour les blés d'hiver qui sont semés en automne et végètent tout au long de l'hiver. Elle est maximale pour les blés de printemps semés en mars ou en avril et qui n'ont nul besoin des gelées. Les blés alternatifs sont semés à la fin de l'hiver et leur croissance nécessite seulement une courte période hivernale.

Tapi dans la terre, le grain de blé semé en octobre ou en novembre germe et se développe d'avril à la fin de l'été. C'est tout d'abord un réseau de cinq racines qui irriguent le grain avec tous les nutriments dont il a besoin. Puis, la jeune pousse donne naissance à trois feuilles. La tige creuse (ou talle) croît ensuite au cours de la montaison par des à-coups, tous marqués par la présence d'un nœud. À chacun de ces nœuds, naissent des feuilles. La dernière section, celle qui porte l'épi, est appelée pédoncule. L'épiaison se produit au mois de juin. Une gaine renfermant l'épi s'ouvre pour le laisser croître. La floraison précède alors la formation des grains qui connaissent d'abord un stade laiteux tout en gagnant leur taille définitive. De vert tendre, le grain prend une teinte jaune au fur et à mesure que son contenu s'épaissit. Peu à peu, sa tige se redresse. En mûrissant, il prend sa belle couleur d'or, devient brillant et durcit. C'est le moment que choisit le céréalier pour le moissonner. S'il attend trop, le grain va ternir et se détacher de l'épi. Selon le terroir, les modes de culture, les conditions climatiques et la variété semée, un épi peut comporter de 45 à 60 grains de blé.

En observant un de ces grains, on remarquera qu'il est enchâssé dans une série d'enveloppes qui se détachent pour laisser apparaître l'amande elle-même. Sa face dorsale est bombée et un sillon traverse sa face ventrale. C'est le faisceau nourricier. À la base du grain se trouve le germe et, au sommet, une brosse constituée de minuscules petits poils. Les enveloppes et le germe ne rentrent pas dans la composition de la farine. Les premières donnent le son et les issues qui servent principalement à l'alimentation animale. Le germe qui donnerait naissance à une nouvelle tige s'il était semé est également retiré par la mouture. Il contient en effet des matières grasses susceptibles de rancir la farine qui en serait extraite. De plus, elles rendraient les pâtes plus collantes ou grasses au pétrissage. Les nombreuses vitamines et sels minéraux qu'il renferme le destinent à des préparations diététiques ou pharmaceutiques. L'amande farineuse, ou albumen amylacé, est divisée en alvéoles contenant le gluten et l'amidon et représente les trois quarts de la masse du grain de blé.

Paré de toutes ses qualités nutritionnelles, le grain de blé reste un organisme vivant qui ne doit pas être dénaturé. Aussi, du champ qui l'a vu naître à l'étal du boulanger, il sera l'objet de soins attentifs de la part de tous ceux qui auront en charge de le transformer.

Le blé moissonné est entreposé dans des silos de grande capacité qui le préservent à la fois de la lumière et de l'humidité en attendant d'être transformé par le moulin.

DU BLÉ À LA FARINE

Un peu naïvement l'on croit que le travail du meunier se limite à moudre le grain livré par la coopérative ou le céréalier. Or, le travail du meunier est bien plus complexe.

Dès l'arrivée au moulin, des échantillons sont prélevés sur chaque lot pour être analysés à l'aide du matériel perfectionné, rapide et précis qui équipe le laboratoire, afin d'en déterminer l'assemblage répondant aux critères de qualité souhaités.

Ensuite, le blé est nettoyé et débarrassé des diverses impuretés qui auront pu s'y glisser. Les grains cassés, brûlés, ceux atteints de maladie, les parasites, la terre, les pailles, les pierres, les particules métalliques provenant des machines utilisées seront traqués et exclus. C'est le travail du séparateur aspirateur, de l'épierreur, de la brosse et du capteur magnétique.

Les grains ainsi triés sont parfois lavés à grande eau ou humidifiés dans une vis mouilleuse avant d'être entreposés dans les *boisseaux à blés propres* ou ils se reposent de 12 à 48 heures selon le cas.

Le taux d'humidité devra être ajusté avec précision d'abord pour amener l'amande au meilleur degré de friabilité, et ensuite pour éviter que l'écorce ne se pulvérise lors de la mouture risquant ainsi de salir la farine.

Après toutes ces opérations préliminaires, vient la mouture elle-même : des passages de broyage attaquent successivement le grain et l'écorce.

Les passages de claquage attaquent les semoules et les passages de convertissage réduisent les finots en particules assez fines et assez pures pour faire de la farine.

Après chaque passage de broyage, claquage, convertissage, les produits sortant des cylindres (cannelés pour le broyage et lisses pour le claquage et le convertissage) sont dirigés vers des tamiseurs appelés *planschisters*. Animés d'un mouvement circulaire, ils séparent la farine des rejets qui seront à nouveau dirigés selon leur nature vers des passages successifs de broyage, de claquage ou de convertissage jusqu'à ce que l'amande soit bien séparée des issues qui seront, elles, destinées à l'alimentation du bétail.

La farine une fois produite sera contrôlée en laboratoire et corrigée si besoin est.

Malgré tous les efforts déployés, une partie de la graine restera amalgamée au son. C'est près du dixième du potentiel de farine recelé par l'amande qui est ainsi perdu. Inversement, de fins débris de l'enveloppe échapperont à la vigilance du meunier. Ces deux notions servent à évaluer les qualités d'une farine. Le *taux d'extraction* exprimé en pourcentage indique la masse de farine obtenue d'un lot de blé. Plus il sera élevé, plus la quantité de son présente sera importante. À cette indication s'ajoute celle du *dosage des cendres*. C'est une indication fondée sur le fait que la quasi-totalité des sels minéraux contenus dans un grain de blé se trouvent dans le germe et l'enveloppe. Ils ne brû-

Les différentes étapes de la mouture
1 - Blé sale
2 - Blé propre
3 - Produit du premier broyage
4 - Grosses semoules
5 - Semoules fines
6 - Farine
7 - Gros sons
8 - Sons fins
9 - Germe de blé

lent qu'à une température de 1500°. Il suffit de placer pendant 4 à 6 heures 5 g de farine dans un four chauffé à 600°. La farine se sera consumée totalement à l'exception des sels minéraux qui auront résisté à la chaleur. En les pesant, on détermine le *taux de cendres* qui sert à classifier les farines. Pour confectionner une baguette, le boulanger utilise une farine de type 55. Elle a un taux d'extraction de 75 % à 80 % et un taux de cendres compris entre 0,50 % et 0,60 %.

LES AMÉLIORANTS OU CORRECTEURS

Lorsque le meunier constate que la farine produite n'est pas équilibrée comme il le souhaite ou que son laboratoire détecte des insuffisances, il lui est possible de la bonifier en employant des *améliorants*. L'utilisation de tels produits, tant en meunerie qu'en boulangerie, est soumise à une réglementation très stricte qui limite précisément les substances autorisées ainsi que les doses admises.

Selon les cas, la farine peut être renforcée soit par un apport de gluten, soit par de l'acide ascorbique (ou vitamine C), dont l'utilisation donne une meilleure tenue à la pâte lors du pétrissage. Ils provoquent un développement plus important lors de la cuisson. La dose maximale autorisée est de 300 mg par kilo de farine. Si cette addition d'acide ascorbique améliore le volume, il faut savoir qu'elle pénalise la conservation du pain.

Pour sa part, la lécithine de soja est un émulsifiant agissant comme le jaune d'œuf qui permet à la mayonnaise de monter. Elle accroît le volume du pain, lui donne un plus bel aspect et permet une meilleure conservation. Autorisée à titre *"précaire et révocable"* depuis 1967, elle doit représenter 0,3 % du poids de la farine au maximum.

Obtenu grâce à une germination contrôlée d'orge ou de blé, le malt stimule la fermentation et influe sur la couleur de la mie et de la croûte qu'il rend plus fine.

Utilisée depuis plus d'un siècle en boulangerie, la farine de fève est obtenue à partir d'une légumineuse produite dans le midi de la France, la féverole. Bien qu'elle renforce le gluten, son action lors du pétrissage moderne à grande vitesse blanchit la pâte et la *lessive*, pour employer une expression chère au professeur Calvel. Elle ne peut représenter plus de 2 % du poids de la farine. La farine de soja qui a sensiblement les mêmes propriétés est, pour sa part, autorisée dans des proportions quatre fois moindres.

Des préparations combinant plusieurs de ces produits sont commercialisées par des entreprises spécialisées qui les proposent aux boulangers auxquels la loi permet d'utiliser certains de ces additifs comme l'acide ascorbique ou la lécithine de soja pour la préparation du pain courant. En pareil cas, les doses maximales s'appliquent au total cumulé des améliorants mis en œuvre.

Face à cette fabrication *courante*, il y a celle dite *de tradition* définie par le *décret Balladur* n° 93-1074 du 13 septembre 1993 qui exclut totalement l'apport d'acide ascorbique.

Les broyeurs et les claqueurs (ci-dessus)
attaquent successivement le blé
Les planschisters (ci-contre)
et les sasseurs (ci-dessous)
tamisent la farine
au fil des diférentes étapes.

LES AUTRES INGRÉDIENTS

L'EAU

Deuxième constituant de la baguette après la farine, l'eau est essentielle à la pâte car elle lui donne son élasticité et permet la création d'un milieu favorable à l'action de la levure. C'est sa température qui déterminera celle de la pâte, aussi doit-elle être surveillée. Le boulanger contrôle également sa teneur en calcaire : trop dure, elle peut endommager le matériel, trop douce, elle risque de donner des pâtes collantes sans tenue.

LA LEVURE

L'usage de la levure en France remonte à l'Antiquité. Un siècle avant J.-C., Pline nous rapporte que les Gaulois se servaient de la mousse de bière pour rendre leur pain plus léger. Puis cet usage est tombé dans l'oubli. C'est en 1665, qu'un boulanger parisien le remit au goût du jour. Il fut à l'origine d'un débat qui enflamma le monde de la médecine avant d'être tranché par le Parlement. Plus aéré, le pain obtenu avait aussi un meilleur goût. Ses qualités lui valurent de figurer sur la table de la reine Marie de Médicis. Le succès du boulanger fit peut-être quelques envieux qui polémiquèrent, accusant la levure de tous les maux. La controverse prit de telles proportions que Louis XIV institua une commission chargée de statuer sur la question en 1668. L'avis défavorable qu'elle rendit relança la querelle de plus belle. Et ce fut le Parlement qui eut le dernier mot dans cette affaire en décidant d'autoriser la panification à la levure en 1670.

Depuis le début du XXᵉ siècle, il est incongru de parler de *levure de bière* car la levure de panification est principalement extraite de la mélasse qui est un sous-produit de l'industrie sucrière. La levure de panification que les scientifiques appellent *Saccharomyces cerevisiae* est un champignon microscopique de 8 millièmes de millimètre naturellement présent dans l'air que nous respirons. Elle a la faculté de transformer les sucres présents dans la farine en alcool et en gaz carbonique qui assure la levée de la pâte. Mise en culture, elle se reproduit à une vitesse fulgurante. Pasteur conduisit de nombreux travaux d'observation sur les levures et fit beaucoup de découvertes sur leur rôle dans la fermentation. D'abord vendue sous forme de crème, la levure fut disponible en blocs à partir du XIXᵉ siècle après qu'un levurier hollandais eut l'idée de la presser. Le procédé fut perfectionné sous l'impulsion des boulangers autrichiens et une nouvelle méthode de culture fut mise au point. C'est en 1872 que le baron Max de Springer, venu de Vienne, installa la première levurerie industrielle à Maisons-Alfort, près de Paris.

LE SEL

Ce n'est qu'après la révolution que l'usage du sel se généralisa dans la boulangerie. Avant 1789, seul le pain de luxe était salé. L'abrogation de la gabelle divisa son prix par quatorze et permit à chacun de jouir pleinement de la saveur du pain. C'est à plus d'un titre qu'il est indispensable à la confection d'une baguette de qualité. Si son premier rôle est de lui donner du goût, il en a bien d'autres. Durant la fermentation, ses qualités antiseptiques lui permettent de freiner l'activité indésirable de certaines particules. Gros sel non raffiné comme le sel de Guérande ou sel fin de table favorisent l'un et l'autre la coloration de la croûte et régulent la fermentation en la ralentissant. Les partisans du gros sel non raffiné estiment qu'il permet une hydratation légèrement meilleure et confère à la pâte des qualités plastiques qui donneraient plus de moelleux à la mie, tout en favorisant sa conservation.

LE TRAVAIL DU BOULANGER

LE PÉTRISSAGE

La première phase de la préparation de la baguette est le frasage. Lentement, le boulanger mélange tous les ingrédients dans son pétrin. L'eau entre en action : en dissolvant le sel et la levure, elle favorise leur dispersion dans la masse de farine mise en œuvre. Lorsque le pétrissage commence, l'eau se répartit grossièrement autour des particules de farine. Puis, petit à petit, elle pénètre au cœur de chacune d'elles, chassant l'air qui s'y trouve. Ainsi, le volume de la pâte obtenue est-il inférieur à la somme de ceux de la farine et de l'eau. Pour comprendre le phénomène, il faut le suivre au microscope. En observant ainsi la farine de blé, on constate qu'elle est composée de particules de tailles inégales (de 5 à 150 millièmes de millimètres). Elle comprend des grains d'amidon et des protéines solubles comme les albumines et les globulines ou insolubles comme les gliadines et les gluténines. Ces protéines forment le gluten. Dans le grain de blé, les grains d'amidon ont une taille qui peut varier de 2 à 35 millièmes de millimètre et se trouvent entourés par les globules huit fois moins abondants et nettement plus petits du gluten (jusqu'à 6 millièmes de millimètre). Malgré cela, ce sont les protéines qui ont le premier rôle dans la formation de la pâte. Toutes les protéines contenues dans la farine sont agrégées de manière très désordonnée entre elles, à l'image d'un écheveau de fils mêlés. L'hydratation parvient à dénouer tous ces nœuds et à leur donner des formes plus linéaires. Elles tissent ainsi un réseau qui assurera la cohérence et l'élasticité de la pâte. C'est à cause de la résistance et de l'élasticité de son gluten que le blé a été sacré meilleure céréale panifiable entre toutes. Le pétrissage permet enfin d'emprisonner et de comprimer de minuscules poches d'air qui viendront parfaire l'action de la première fermentation.

LA PREMIERE FERMENTATION

La première et longue fermentation *en masse* de la pâte est une étape indispensable dans la fabrication d'une baguette goûteuse. Pendant cette période (également appelée *pointage*), la pâte est laissée au repos tandis que se poursuivent les effets du pétrissage et que se modifient ses propriétés plastiques. Les nombreuses réactions biochimiques qui vont se produire sont à l'origine du gonflement de la pâte. Mais elles ont également un rôle fondamental dans la formation des arômes que le consommateur pourra apprécier.

La fermentation de la pâte obéit aux mêmes lois que celle des moûts de raisin. Les levures *indigènes* (celles qui se trouvent naturellement dans le produit) transforment le sucre contenu dans le moût en alcool. Parfois, le vigneron ajoute des levures spécifiques pour faciliter cette mutation. C'est le même schéma que l'on retrouve pour la pâte de la baguette. L'amidon contenu dans la farine est composé de deux types de molécules : l'amylose (20 %) et l'amylopectine (80 %) comprenant toutes deux du glucose. Dans un premier temps, la levure va se contenter de transformer ces sucres en dioxyde de carbone et en alcools. Parallèlement, d'autres organismes se mettent au travail. Ce sont les amylases, des enzymes qui se trouvent naturellement dans la farine. Elles vont agir sur les grains d'amidon endommagés par la mouture et en extraire du maltose. Clin d'œil de la nature ou prescience des initiateurs de l'utilisation conjuguée de la farine et de la levure, l'action des amylases va être parachevée par une autre enzyme, présente dans la levure celle-là : la maltase. C'est elle qui va transformer le maltose en deux molécules de glucose qui produiront de l'alcool éthylique, du dioxyde de carbone, et de nombreux composés sapides ou aromatiques. Le dioxyde de carbone se dilatera au cours de la cuisson du pain et donnera naissance aux alvéoles de la mie. Les ferments ne vont plus cesser d'agir jusqu'à l'enfournement du pain et même au-delà.

LA DIVISION ET LE FAÇONNAGE

L'opération suivante est la *division*. À l'aide du coupe-pâte ou, le plus souvent, d'une machine appelée *diviseuse*, la pâte est fractionnée en parties égales. Cette pâte est généralement reprise et mise en forme de boule que l'on laissera reposer au cours d'une période appelée *détente*.

Vient alors le *façonnage*. Le boulanger donne aux *pâtons* la forme allongée caractéristique de la baguette. Il le fait soit manuellement, soit à l'aide d'une *façonneuse* équipée de tapis roulants tournant en sens inverse.

LA DEUXIÈME FERMENTATION OU APPRÊT

Délicatement disposé sur une toile de lin au cours de la *dépose sur couches*, le pâton connaît la deuxième fermentation au cours de *l'apprêt*. La baguette voit progressivement augmenter son volume sous l'action des ferments qui continuent leur action et développent une multitude de poches gonflant grâce au gaz produit.

L'ENFOURNEMENT ET LA CUISSON

Il reste encore au boulanger deux gestes à faire avant la cuisson de la baguette. Le premier consiste à inciser les pâtons à l'aide d'une lame de rasoir. Ces *grignes* au nombre de cinq à sept n'ont pas qu'un rôle décoratif. Elles canalisent

l'action du gaz carbonique en lui offrant des *portes de sortie* qui vont s'agrandir au cours de la cuisson. On dit qu'elles *jettent*. Sans elles, la poussée désordonnée du gaz provoquerait boursouflures et déchirures.

À présent, la baguette est parée pour la cuisson. Elle attend devant l'entrée du four dont le boulanger a contrôlé la température. Juste avant l'enfournement, il y introduit de la vapeur d'eau se transformant en une mince pellicule d'eau qui tapisse les parois et enrobe les pâtons dès leur entrée dans le four. En retardant le dessèchement inéluctable de la croûte sous l'effet de la chaleur, elle permet au gaz carbonique de poursuivre plus longtemps son action de gonflement. Sans cette *buée*, la croûte ne prendrait pas son aspect brillant et sa belle couleur brune et dorée au cours de la cuisson qui va suivre. Le dosage précis de cette vapeur d'eau est primordial : l'excès soude les coups de lame, l'insuffisance donne une couleur terne à la baguette et nuit à sa conservation.

L'aventure de la baguette touche à sa fin. Notre organisme est incapable de digérer le gluten et l'amidon contenus dans la pâte crue. Seule la cuisson, dernière métamorphose des grains de blé, est en mesure de rendre leur assimilation possible. Avec précaution, le boulanger enfourne les pâtons, remplissant son four petit à petit. Le dessous de la baguette entre en contact avec la *sole* du four. La chaleur dégagée sèche très rapidement cette portion du pâton qui va aussitôt se transformer en croûte.

En début de cuisson, la température monte graduellement au cœur de la baguette. Trente, puis quarante degrés sont atteints, dopant la levure. Quarante-cinq puis cinquante degrés : les choses se précipitent : la pâte ne cesse de gonfler. À l'intérieur, la chaleur accélère la dilatation du gaz carbonique, créant les innombrables alvéoles de la mie. Sous la poussée du gaz carbonique, les grignes s'ouvrent pour former les *oreilles*. À présent, le cœur du pâton atteint cinquante-cinq degrés. La levure ne peut résister à une telle température et meurt. La baguette atteint sa taille définitive. Maintenant, elle s'apprête à prendre sa belle couleur et l'ensemble de ses arômes. Tout au long de la cuisson, la température de la baguette ne sera pas uniforme. La croûte, en contact direct avec l'air chaud circulant dans le four, parviendra jusqu'à 220° alors que le cœur atteindra 98°. L'eau contenue dans la pâte s'évapore progressivement par la croûte. Lorsque celle-ci atteint 100°, elle forme une enveloppe quasi-étanche qui emprisonne l'eau encore contenue dans la pâte. En fin de cuisson, la baguette a perdu le quart de son poids du simple fait de l'évaporation. Le taux d'humidité de la croûte est à peine de 5 % alors que celui de la mie est de 45 %. Cet assèchement de la croûte a pour effet de la figer, d'en faire une carapace. Jusqu'à 130°, l'amidon qu'elle contient se transforme en dextrine. C'est elle et le maltose qui en se caramélisant donnent sa coloration à la croûte en même temps que se développent les arômes de torréfaction. Le gluten situé en périphérie est responsable du durcissement de la croûte. Au cœur de la baguette, l'amidon se transforme en *empois* sous l'action de la chaleur tandis que le gluten commence à coaguler pour donner à la mie son apparence et sa texture définitives. Tout au long de la cuisson, les alcools produits par les fermentations successives sont transformés en composés aromatiques qui donnent leurs saveurs à la mie et à la croûte de la baguette. Les réactions chimiques très complexes qui se suivent et s'enchaînent tout au long de cette étape primordiale commencent seulement à être décryptées par les scientifiques. Ils ont mis à jour un ensemble de transformations connues sous le nom de *réaction de Maillard*. Elles affectent les acides aminés de toutes les protéines soumises à l'action de la chaleur en présence de sucre.

Le boulanger dispose de plusieurs moyens pour juger de la cuisson de sa fournée qui dure environ 20 minutes. La vue lui permet d'apprécier la coloration de la croûte. Il observe particulièrement les oreilles formées à la place des coups de lame. Dès qu'elles deviennent dorées, il sait que sa baguette a atteint le degré de cuisson désiré. La confirmation lui en est donnée lorsque, en tapant la sole de la baguette du bout des doigts, celle-ci résonne.

LE DÉFOURNEMENT ET LE RESSUAGE

La baguette cuite à point est retirée du four. Entreposée dans un coin sec et aéré du fournil pendant quarante-cinq minutes à une heure, elle refroidit. Tout d'abord très vite, puis de plus en plus lentement. C'est le ressuage. Le gaz carbonique et la vapeur d'eau contenus dans la mie s'en échappent en traversant la croûte. Le gaz carbonique est aussitôt remplacé par l'air environnant.

Enfin prête, la baguette quitte le fournil pour satisfaire l'amateur de bon pain. Ainsi contée, cette aventure qui commence avec le grain de blé peut paraître bien simple. Mais elle exige de tous les maillons de la chaîne un parfait savoir-faire. Les hommes qui se succèdent tout au long de la fabrication de la baguette sont les héritiers d'une expérience plusieurs fois séculaire acquise par des générations d'agriculteurs, de meuniers et de boulangers. Tous passionnés par la plus belle des missions : nourrir leurs frères humains.

LES BIENFAITS
DE LA BAGUETTE

L'évolution de la consommation du pain est révélatrice des changements profonds qui affectent notre société. En 1789, la ration quotidienne de pain était de 500 g. Les effets conjugués de la disparition de la féodalité et de la révolution industrielle la font culminer à 900 g à la fin du siècle dernier. Les besoins caloriques d'une main d'œuvre vouée à des travaux pénibles expliquent en grande partie cette augmentation au cours du XIXe siècle. Depuis lors, on assiste à une baisse ininterrompue. Cette ration passe de 630 g en 1920 à 300 g en 1960. De 230 g en 1965, elle tombe à 190 g en 1970 pour atteindre 120 g en 1989. L'évolution du niveau de vie explique la part sans cesse croissante d'autres aliments dans l'assiette des français (*gagner son bifteck* n'a-t-il pas remplacé *gagner son pain* ?). Mais, depuis le début des années 60, un autre phénomène joue un rôle important dans ce changement d'attitude.

LA MODE ET LA MÉDECINE
CONTRE LE PAIN

La publicité et la mode tentent d'imposer leur image de la femme idéale. On comprend l'intérêt des professionnels du vêtement. Il est plus rentable, en effet, de ne proposer les collections que dans un minimum de tailles oscillant immanquablement entre le 38 et le 42. Au-delà, point de salut pour la femme qui se voudrait coquette ! Les magazines féminins ont pris le relais en idéalisant l'absence de formes de Twiggy, mannequin filiforme des années yé-yé. Pour être belle et désirable, la femme devait être mince jusqu'à la maigreur.

Un grand complot se trama qui rendit le pain responsable de la moindre surcharge pondérale. Des charlatans en tout genre et des vedettes du show-business proposèrent des régimes miracles ayant en commun de frapper le pain d'ostracisme. De nombreux médecins prirent une part active à cette entreprise de dénigrement. Accablé de tous les maux, le pain devint l'aliment qui, par excellence, faisait grossir. Le moindre régime amaigrissant le bannissait. Et des membres éminents de la faculté le rendaient, de surcroît, responsable de nombreuses affections. Pour certains, il était à l'origine des flatulences et de la constipation. Des dermatologues le désignaient comme un obstacle à la guérison de l'eczéma. Les diabétologues en firent leur bête noire. Sans parler de gastro-entérologues qui le trouvaient toxique, comment passer sous silence le rôle des nutritionnistes ?

Cette branche de la médecine s'est développée à la faveur de la mode et n'a pas été la dernière à entrer dans la croisade contre le pain. Au grand dépit de ceux pour qui la médecine est une science exacte, ces *spécialistes* ont manifesté une constance dans la contradiction. Telle vérité révélée par un nutritionniste était aussitôt battue en brèche par un confrère développant une théorie diamétralement opposée. Ces empoignades prêteraient à rire si notre équilibre et, finalement, notre santé n'étaient en jeu. Car la baisse de la consommation de pain est préjudiciable à tous. Mais les maîtresses de maison, conditionnées par tant de campagnes, ne se contentent pas de réduire leur propre consommation. Elles achètent moins de pain et c'est toute la famille qui pâtit de la diminution ou de la suppression de cette nourriture fondamentale. Et ce sont les enfants qui paient le tribut le plus lourd à cette mode alors que l'organisme d'un être en pleine croissance demande une plus grande quantité de pain. Où sont les goûters de jadis et leur barre de chocolat qui accompagnait une tartine de pain, les petits déjeuners, témoins du mariage de la baguette avec le beurre et la confiture ? L'aberration est de remplacer la baguette par des sucreries qui, entre autres dommages, préparent le lit des caries dont l'apparition est de plus en plus précoce.

Depuis la guerre, la diminution de la consommation de pain va de pair avec celle des légumes secs et des pommes de terre. Parallèlement, nos concitoyens consomment plus de viande et de produits laitiers. Ces nouvelles habitudes alimentaires ont induit un accroissement de l'apport de protéines et de lipides d'origine animale. Le développement de la consommation de desserts tout préparés et de boissons sucrées a augmenté dans des proportions encore plus grandes l'ingestion de sucres rapides. Tout cela au grand bénéfice de la propagation des maladies cardio-vasculaires.

LE RETOUR À LA RAISON

Après des décennies de mise à l'index, le pain retrouve les faveurs des nutritionnistes qui redécouvrent ses bienfaits pour l'équilibre et la santé de chacun. Redonner leur place aux sucres lents et diminuer la part des graisses, en particulier celles d'origine animale, dans l'alimentation sont maintenant des impératifs de santé publique. La baguette traditionnelle répond en tous points à ces objectifs. Pas la moindre matière grasse, des protéines végétales permettant de faire reculer la prévalence des protéines animales. C'est l'aliment idéal pour prévenir les catastrophes qui menacent notre santé et contribuent à accroître inconsidérément les dépenses de la collectivité dans ce domaine. Là plus qu'ailleurs, mieux vaut prévenir que guérir. De plus, son prix est ridiculement bas en regard de ses qualités nutritives.

UN TRÉSOR POUR L'ORGANISME

La baguette de 300 g donne 750 calories à l'organisme. Elle est constituée pour un tiers d'eau et pour moitié d'hydrates de carbone. Ceux-ci se présentent sous forme d'amidon, un glucide lent. Ce *carburant de l'organisme* dispense ses bienfaits sur plusieurs heures. Pour 6 g de lipides, nulle trace de cholestérol. Facilitant l'assimilation des protéines animales dont elles sont le complément indispensable, les protéines végétales (26 g) jouent un rôle essentiel dans un bon équilibre alimentaire.

La baguette est également une pourvoyeuse de nombreuses vitamines. Notre corps étant incapable de les stocker, celles-ci doivent être impérativement fournies par l'alimentation quotidienne pour jouer le rôle qui leur est dévolu dans le métabolisme. La thiamine ou vitamine B1 (0,24 mg) favorise une bonne utilisation des glucides. La riboflavine ou vitamine B2 (0,18 mg) a de nombreux effets sur la croissance et le métabolisme. Le tocophérol ou vitamine E (0,69 mg) protège la peau et a une action bénéfique sur les acides gras polyinsaturés. La nicotinamide ou vitamine PP ou B3 (2,4 mg) aide la circulation de l'hydrogène dans l'organisme.

Enfin, la même baguette contient de nombreux sels minéraux. Le sodium (1100 mg) essentiel à l'hydratation des cellules et à l'équilibre acido-basique. Le potassium (300 mg) assure lui aussi l'hydratation des cellules. Il est en outre nécessaire au bon fonctionnement des muscles, du cœur et des reins et intervient dans l'utilisation des glucides. Le calcium (90 mg) stocké essentiellement dans les os joue un rôle important dans la bonne marche du système nerveux central. Le magnésium (90 mg) parfait l'action du calcium sur le système nerveux central et intervient dans de nombreux métabolismes, tout comme le phosphore (330 mg) qui est un élément constitutif de la partie minérale des os. Le fer (2,5 mg) a des effets bénéfiques sur l'hémoglobine des globules rouges. On trouve également du manganèse (1 mg), du fer, du cuivre (0,6 mg), du soufre (160 mg) et du chlore (1860 mg).

S'agissant de la prise de poids, l'ingestion de pain provoque une saturation de l'appétit, donc une diminution de l'absorption totale d'aliments. Par ailleurs, le pain oblige à la mastication, dont le rôle est primordial dans l'hygiène alimentaire.

BONNE SANTÉ ET PRÉVENTION

Toutes ces qualités font du pain un aliment essentiel dès l'enfance. Selon l'âge et l'activité, l'organisme a besoin de 2000 à 3000 calories par jour. Une alimentation saine et équilibrée doit comporter une ration quotidienne de 250 à 400 grammes de pain, soit environ une baguette par jour et par personne. Pour profiter pleinement des bienfaits du pain, il est nécessaire de répartir cette quantité tout au long des différents repas. Cette régularité favorise la stabilisation de la flore intestinale.

Manger du pain à chaque repas est dès lors indispensable à qui veut préserver son capital santé. Choisir la baguette, c'est l'assurance de procurer à l'organisme le fondement d'une hygiène de vie grâce à une nourriture bon marché qui apporte une bonne partie des éléments indispensables au métabolisme ou à la croissance. Aliment discret sur le plan gustatif, la baguette accompagne toutes les saveurs sans les dénaturer. De plus, les bienfaits de la baguette sont tout à fait réels, contrairement aux vertus supposées du pain complet, du pain au son et autres préparations *aux fibres*. Le pain au son peut être, dans certains cas bien précis, prescrit à un adulte par son médecin.

Le cas du pain complet est plus complexe. On nous dit, chiffres à l'appui, qu'il contient plus de sels minéraux que la baguette, et c'est vrai. Mais on oublie de préciser qu'il contient également de l'acide phytique. Cette substance, qui ne disparaît pas à la cuisson, agit comme un aimant sur les sels minéraux. C'est d'ailleurs cette faculté qui est mise à profit par les œnologues pour clarifier les vins ou par l'industrie de la pâte à papier. Dans le cas du pain complet, cette caractéristique en fait un fixateur de la majeure partie des sels minéraux. Ainsi, calcium, magnésium et fer disparaissent dans les selles sans aucun bénéfice pour l'organisme. Et, finalement, qui croyait apporter plus de sels minéraux à son organisme en mangeant du pain complet fait tout le contraire : il en assimile bien moins que s'il choisissait la baguette. Et même s'il arrive que certains boulangers proposent des baguettes de campagne au levain, l'amateur de baguette s'en détournera car c'est une ineptie pour elle qui est née en ville d'une fermentation à la levure et non d'une fermentation au levain. La baguette n'est pas un pain de campagne.

LA BAGUETTE, MODE D'EMPLOI

Pour que la baguette occupe tous les jours sur notre table la place qu'elle mérite, sachons mieux l'acheter, la conserver et l'utiliser. Un aliment dispensateur de tant de bienfaits a droit à quelques égards. D'autant que la baguette ne demande aucune préparation particulière. Elle s'utilise telle quelle aussitôt achetée. Pas le moindre lavage ou corvée de pluches, nul trempage ou découpe compliquée. Seules quelques précautions et un peu de bon sens permettent d'en jouir pleinement jour après jour et d'aller au-devant des bonnes surprises qu'elle nous réserve.

COMMENT ACHETER LA BAGUETTE ?

Sa durée de vie étant limitée, la baguette s'achète une fois, voire deux fois, par jour pour ceux qui ont la chance de déjeuner à leur domicile. Ces visites chez le boulanger sont le faible prix à payer pour disposer d'une baguette à la croûte croquante et à la mie moelleuse du petit déjeuner jusqu'au dîner.

Mais avant, il faut s'enquérir d'un boulanger dont le travail répondra en tout point à notre attente. Pour atteindre cet objectif, le consommateur devra jouer les détectives. Ayant en tête les signes distinctifs de la baguette de qualité, il saura faire le bon choix sans se laisser convaincre uniquement par l'emballage à la mode, sachant très bien que l'habit ne fait pas le moine. Il ne retiendra que les *baguettes maison* ou les *baguettes de tradition*. Très vite, il orientera ses investigations dans le seul milieu de la boulangerie artisanale où il sera sûr de débusquer la vraie baguette. Il jaugera chaque détail de son apparence, déjouant tous les pièges semés sur son chemin. À ce stade de la recherche, ses sens mis à contribution ne devront pas le trahir. Son odorat et son goût prendront la relève de la vue pour trouver le boulanger de tradition le plus proche de chez lui qui comblera ses vœux. Le dénouement s'imposera comme une évidence. D'autant que, pour faciliter cette quête, il sera utile de confronter son propre jugement à celui de l'entourage proche : famille, voisins ou amis.

Le meilleur moyen d'inciter tous les boulangers à travailler dans le respect des traditions est d'honorer ceux d'entre eux qui ont pris ce parti. Quitte à faire un détour si nécessaire. Pourquoi le consommateur se résignerait-il à acheter un pain de mauvaise qualité s'il lui est possible de trouver, peut-être à quelques enjambées, un boulanger travaillant dans les règles de l'art ? C'est la seule arme dont dispose le consommateur pour infléchir des pratiques qui portent ombrage à toute une profession. Mais, avant de changer de boulanger, il ne faut pas hésiter à lui dire pourquoi le pain qu'il propose n'est pas à notre convenance. C'est une manière de l'amener à se poser des questions sur son travail pour l'améliorer.

COMMENT CONSERVER LA BAGUETTE ?

La croûte de la baguette traditionnelle conserve ses qualités de craquant et sa mie reste tendre pendant au moins une journée. Une baguette achetée la veille, voire l'avant-veille, sera utilisée pour les tartines du petit déjeuner après un bref passage dans le grille-pain. Pour éviter son dessèchement, on la placera dans un sac de coton ou de lin. On pourra également utiliser un torchon. Cette protection la laisse cependant respirer, retarde l'évaporation de l'eau qu'elle contient et n'a aucune incidence sur son goût. Ainsi elle restera croustillante, moelleuse et savoureuse plus longtemps. L'usage d'un sac en plastique altérera irrémédiablement son goût, la rendra vite molle et fera disparaître l'opposition des textures qui est un de ses charmes.

Partout en France, le boulanger est un artisan à la disposition de sa clientèle dès l'aurore. Premier commerçant à ouvrir, c'est bien souvent le dernier à baisser le rideau. Ainsi, est-il facile de trouver un moment pour lui rendre une visite quotidienne à n'importe quelle heure de la journée pour toujours disposer de pain bien frais. Mais il arrive parfois que l'on soit pris de court. En prévision d'une telle situation, on pourra recourir à la congélation. Même si rien ne remplacera jamais la baguette fraîchement sortie du four, ce mode de conservation donne d'excellents résultats si quelques précautions sont prises. En premier lieu, les baguettes à congeler devront être le plus fraîches possible. Elles seront hermétiquement emballées dans un film alimentaire étirable ou dans des sacs spéciaux avant d'être placées dans le congélateur. La décongélation se fera idéalement à température ambiante. La baguette déballée retrouvera ses caractéristiques au bout de deux heures. Pour gagner du temps, cette remise à température se fera au four classique chauffé à température moyenne (150 degrés). La baguette en sortira chaude et croustillante au bout de dix à quinze minutes.

LES OUTILS DE L'AMATEUR DE BAGUETTE

Deux ustensiles sont indispensables à l'amateur de baguette. Le premier est le couteau à pain. Plus la lame est longue, meilleur en sera l'usage. Car, pour bien couper la baguette, il faut la trancher d'un seul geste. Cette lame dentée devra également être bien aiguisée. Ainsi, au lieu d'écraser la croûte et de l'émietter, elle l'attaquera franchement, donnant une coupe bien nette. Le deuxième accessoire, le grille-pain, sera très utile en de nombreuses occasions. Tartines grillées, croûtons ou mouillettes sont prêts en un clin d'œil. Le grille-pain a deux avantages sur le gril classique du four. Tout d'abord, la minuterie qui équipe la plupart des modèles permet d'obtenir facilement l'effet désiré, évitant ainsi les tartines transformées en charbon. De plus, l'absence de préchauffage, permet une substantielle économie d'énergie.

LE SERVICE DE LA BAGUETTE

À l'exemple du sel et du poivre, la baguette doit figurer sur la table pendant toute la durée du repas. Disposée dans une corbeille à pain en osier, en rotin ou en jonc ornée d'une serviette assortie au linge de table, elle sera découpée, juste avant de passer à table, en tronçons de huit centimètres environ. On comptera deux morceaux par personne et on profitera des changements de plat pour recouper le pain nécessaire à la suite du repas. Chaque convive pourra également trouver une portion de douze centimètres au début du repas. Celle-ci sera déposée dans la serviette ou, mieux, dans une assiette à pain posée à la gauche de chaque couvert. Dans ce cas, on aura soin de dresser également des couteaux pour se servir dans le beurrier.

LA BAGUETTE ET LA TABLE

Indispensable compagne de tous nos repas, la baguette sait se transformer pour nous offrir une palette d'utilisations, parfois imprévues ou surprenantes, mais toujours savoureuses qui sonnent le glas de la banalité dans nos repas. Pour mieux remplir son rôle d'accompagnement des mets les plus divers, elle changera d'aspect et s'accommodera de mille manières originales avec une infinité de préparations. Et ce, sans complication pour la maîtresse de maison. Elle se déclinera dans une foule de préparations qui lui accorderont la vedette. Enfin, elle entrera dans la confection d'une kyrielle de spécialités qui feront appel à l'une ou l'autre de ses qualités.

RÔTIES ET COMPAGNIE

Rôties, croûtons, toasts, tartines, mouillettes... la baguette se transforme pour accompagner de manière originale toutes sortes de préparations culinaires : soupes et potages, salades, œufs, pâtés, gibiers, viandes, légumes, fromages, confitures...

Pour varier les plaisirs à l'infini, il suffit simplement de découper et d'apprêter la baguette. Les quelques conseils qui suivent et un peu d'imagination égayeront la table en toutes occasions, du plus ordinaire des repas familiaux au plus fin dîner de fête.

Rôties, croûtons et toasts sont des synonymes qui désignent des tranches de baguette d'épaisseur et de format variables que l'on utilise nature, grillées, poêlées ou frites à l'huile, au lard ou au beurre. Plus l'axe de coupe s'éloignera de la perpendiculaire de la baguette pour se rapprocher d'un axe parallèle, plus elles seront grandes. On détaillera sans aucune difficulté des tranches allant jusqu'à vingt centimètres de longueur. On utilisera le grille-pain dans de nombreux cas. Lorsque l'on ne voudra les griller que sur un seul côté, on protégera une des faces avec une feuille de papier aluminium ou on placera deux tranches accolées dans le grille-pain. On les passera au four lorsqu'elles seront garnies d'une préparation à base de fines herbes, de fromage, de farce ou de sauce épaisse pour les dorer ou les gratiner. Une fois grillées, on les frottera avec une gousse d'ail pour accompagner une soupe ou un potage. On les badigeonnera d'huile d'olive à l'aide d'un pinceau avant de les griller, on les saupoudrera de sucre ou de fromage râpé, selon l'utilisation à laquelle on les destine.

Les amateurs de tartines se partagent en plusieurs camps. Il y a ceux qui préfèrent du pain bien frais, ceux qui n'imaginent leur tartine que grillée, ceux qui ne jurent que par la sole et ceux qui se damneraient pour son dos. Même la garniture n'est pas en mesure de réconcilier tous les amateurs. Tel ne voudra rien d'autre que du beurre, tel autre préférera sa tartine sucrée de confiture ou de miel, le dernier ne l'acceptera que garnie de bonnes nourritures consistantes et salées agrémentées de moutarde. Qu'importent les caprices de chacun, la baguette se prête à tous les apprêts. Beurre doux ou demi-sel, fromage fondu, confiture, pâtés, cochonnailles, mais aussi foie gras, saumon fumé ou caviar qui, grâce à elle, libéreront toutes leurs saveurs.

Dorées et croustillantes, les mouillettes feront merveille avec des œufs à la coque ou brouillés, des potages ou des crèmes épaisses. On aura le choix entre deux méthodes pour les confectionner. La première sera de griller des tartines de 8 cm de longueur et de les détailler en quatre bâtonnets une fois sorties du grille-pain. L'autre méthode consiste à les découper avant de les dorer quatre à six minutes à four très chaud. On surprendra en préparant de longues mouillettes à partir de tartines de 16 ou 20 cm de longueur.

EN-CAS

Un village du Kent proche de la mer, la passion du jeu, une île du Pacifique à quelques bordées de l'Antarctique, un comte anglais. Cette énumération digne, au raton laveur près, d'un inventaire à la Prévert semble bien loin de notre sujet et pourtant tout nous ramène à la baguette. Le village anglais a donné son nom à l'ancêtre du comte John Montagu anobli par le roi Charles II au XVIIᵉ siècle. Le comte a laissé son nom à l'île du Pacifique découverte par James Cook. Quant au jeu, notre aristocrate y consacrait le plus clair de son temps, entre une aventure galante et une intrigue de palais. Un jour qu'il était tellement absorbé par une partie de cartes qu'il ne trouvait pas le temps de prendre un repas, Lord Sandwich, puisqu'il faut bien l'appeler par son nom, demanda à un domestique de lui préparer quelque chose pour se restaurer à sa table de jeu. Son maître d'hôtel imagina d'alterner tranches de pain et tranches de gigot d'agneau ou de jambon fumé. À défaut d'avoir inventé une préparation qui remonte à l'Antiquité, notre comte anglais est passé à la postérité en donnant son nom à cette fantaisie culinaire. On ne sait par quel étrange cheminement ce patronyme devenu nom commun nous est parvenu. Dès le siècle dernier, il a pu se faire une place dans les dictionnaires les plus sourcilleux sans s'attirer les foudres de nos immortels. Alexandre Dumas, qui lui fait même l'honneur d'un article dans son grand dictionnaire de cuisine, le dénomme également *tartine à l'anglaise* avant d'en donner une recette qu'il préconise en hors-d'œuvre ou avec le thé de cinq heures.

La première vertu du sandwich est d'être une manière bien pratique de se restaurer. Bien connu des randonneurs et des amateurs de pique-nique, il a peu à peu remplacé la gamelle que nos grands-pères emportaient pour une longue journée de travail loin de leur domicile. La généralisation de son emploi et de sa vente en France sont presque contemporaines de la naissance de la baguette. C'est lors de l'Exposition universelle de 1900 que les *casse-croûte* font un malheur puisqu'il s'en vendra près d'un million. Depuis, leur place est allée croissante dans l'alimentation quotidienne des Français avant qu'ils ne se trouvent fortement concurrencés par les hamburgers venus d'outre-Atlantique. Une telle invasion ne pouvait être ressentie que comme une véritable agression contre le pays du bien-vivre et du bien-manger. Les patrons de bistrots qui s'étaient laissés aller à servir des sandwichs médiocres ont décidé de réagir et de lancer un patriotique : *"Aux sandwichs, citoyens"*. Cette contre-offensive, pour être couronnée de succès, passera par une plus grande rigueur dans le choix de matières premières de qualité servies dans la plénitude de leur fraîcheur. Outre un indéniable goût, la réussite de cette entreprise donnera un supplément d'âme à tous ces repas impromptus.

Les joies du sandwich sont à la portée de tous. Même ceux qui s'affirment *incapables de cuire un œuf* auront bien du mal à ne pas réussir un sandwich plein de saveur. Seuls comptent ici la qualité des produits mis en œuvre et leur fraîcheur. Fromages, charcuteries, viandes froides ou chaudes, poissons cuits, fumés ou en conserve, crudités, œufs, beurre, moutarde, cornichons, fines herbes : la palette des produits du terroir qui ont leur place dans un sandwich est infinie. Une pincée de fantaisie peut même se révéler indispensable pour que la moindre petite faim se donne des airs de fête.

La panoplie de l'amateur de sandwich comprendra quatre couteaux. Un

couteau à pain, bien sûr, mais également un couteau d'office pour les découpes un peu minutieuses, un grand couteau tranchant pour détailler les pièces de viande ou de charcuterie et un tartineur (couteau à beurre) destiné à bien répartir le beurre, la moutarde ou les autres préparations à étaler. Une planche à découper et une râpe à fromage rendront bien des services de même qu'un coupe œufs également utile pour les tomates. Enfin, du papier aluminium et du film plastique alimentaire permettront de protéger les sandwichs entre le moment de leur confection et celui de leur consommation.

Armé de tous ses outils, le passionné de sandwich devra sélectionner le pain qu'agrémenteront les ingrédients de son choix. Quel autre pain adopter que la baguette de tradition, dont la saveur supportera tous les goûts ? Cette baguette dont le format se prête volontiers aux coups de dents bien francs donnant autant de bouchées facilement obtenues. Nous sommes à mille lieues de l'embarras des pauvres amateurs de hamburgers tournant désespérément et dans tous les sens leur sandwich qui refroidit pour déterminer l'angle d'attaque adéquat qui ne fera pas tout jaillir à la première bouchée. Ici encore, la baguette de tradition se révèle supérieure à tous ses concurrents.

BAGUETTE ET GASTRONOMIE

Une des autres facettes de la baguette est son utilisation en cuisine. Elle quitte alors son rôle d'accompagnement pour celui d'ingrédient à part entière d'une quantité de recettes. De nombreuses préparations sont dues à l'esprit d'invention de nos grands-mères pour lesquelles il était essentiel de ne rien laisser perdre de cet aliment bienfaisant. Ainsi sont nés le pain perdu, la panade, différentes variantes de puddings... Ils nous permettent de vérifier que la cherté d'une recette est loin d'être proportionnelle aux satisfactions qu'elle peut procurer. Elles s'adressent plus au gourmet et au bon vivant qu'à l'avare. Mais elles permettent tout de même d'utiliser les restes de pain. D'autres recettes mettent à profit la texture du pain qui en fait un excellent liant. Farces et sauces forment cette famille de recettes. L'usage de la farine dans les sauces est relativement récent. Autrefois, seul le pain utilisé à toutes les sauces servait de liant. Il y a encore celles où le pain est un élément du décor de succulentes charlottes, croustades ou terrines. Enfin, on peut accorder une confiance infinie à l'imagination des amateurs de bonne chère qui sauront trouver des emplois encore inédits à la savoureuse baguette de tradition.

LES RECETTES

Les recettes proposées dans cet ouvrage ont pour seule ambition de mettre l'eau à la bouche du lecteur. Elles prouvent, s'il en était besoin, que la timide baguette recèle de nombreuses qualités cachées sur lesquelles douze des plus grands cuisiniers parisiens ont bien voulu lever le voile. Au gré de leur sensibilité ou de leur fantaisie, ils proposent des utilisations parfois inattendues de la baguette. Cette sélection de recettes doit être considérée comme une *mise en bouche* pour des gourmets avides de saveurs et de textures nouvelles, un passeport pour un voyage culinaire vers des contrées inexplorées. Après avoir goûté ces recettes simples à réaliser, chacun pourra coiffer une toque et inventer des préparations succulentes. Pour les utiliser dans certaines recettes, on conservera les restes de pain à l'abri dans un endroit sec et tempéré, tout comme du pain frais. On évitera à tout prix de les envelopper dans du plastique.

Toutes les recettes sont conçues pour quatre personnes. Les ingrédients ainsi que le matériel nécessaires pour leur préparation sont indiqués avant un déroulement qui reprend point par point chacune des étapes de sa réalisation. Le chef conseille un vin pour mieux apprécier la recette. Les coordonnées de l'établissement où officie chaque chef figurent également dans cette présentation.

Des pictogrammes permettent de juger du degré de facilité, du coût et du temps nécessaire à la réalisation de chaque recette.

 Recette pour débutants

 Demande de la pratique

 Recette économique

 Recette de fête

 Recette rapide

 Nécessite des préparations

ABRÉVIATIONS

cc : cuiller à café
CS : cuiller à soupe

Ingrédients

1 baguette
1 litre de lait
50 g de sucre vanillé
4 œufs
100 g de cassonade brune
50 g de beurre
4 cl de Grand-Marnier

Crème anglaise
1/2 l de lait
6 jaunes d'œufs
125 g de sucre en poudre
2 cl de Grand-Marnier

Coulis de framboises
50 g de framboises
1/2 citron
20 g de sucre en poudre

Décor
4 fraises
1 orange

Matériel

1 casserole
1 saladier
1 fouet
Papier absorbant
1 couteau d'office
1 poêle

Le vin

Grand Marnier
Cuvée du centenaire
Marnier-Lapostolle
91, boulevard Haussmann
75008 Paris
Téléphone : 42 66 43 11
Télécopie : 42 66 57 13

Déroulement

Préparer la crème anglaise la veille
Porter 1/2 l de lait à ébullition
Incorporer 125 g de sucre en poudre aux 6 jaunes d'œufs
Battre jusqu'à ce que le mélange devienne mousseux
Placer dans une casserole sur feu doux
Verser le lait sans cesser de remuer
Cuire 3 minutes en continuant de remuer
Ajouter 2 cl de Grand-Marnier
Retirer du feu, laisser refroidir et réserver au frais
Presser la moitié d'un citron
Écraser les framboises
Ajouter le jus de citron et 20 g de sucre
Bien homogénéiser le mélange et réserver
Le jour même, chauffer 1 l de lait
Avant ébullition, le verser dans un saladier et y dissoudre le sucre vanillé
Couper la baguette en 16 tronçons de 2 cm d'épaisseur
Les mettre à tremper dans le lait tiède en les retournant
Les retirer avec l'écumoire
Laisser égoutter sur du papier absorbant
Battre vivement 4 œufs entiers
Y mettre les tronçons de baguette à tremper en les retournant
Verser la cassonade dans une assiette
Paner les deux faces des tranches de pain dans ce sucre
Chauffer le beurre dans la poêle
Y dorer les morceaux de pain jusqu'à coloration
Les retourner et laisser caraméliser
Verser 4 cl de Grand-Marnier dans la poêle
Flamber les morceaux de pain perdu
Napper les assiettes de crème anglaise
Couper 4 tranches d'orange non pelée
Les diviser en quartiers
Émincer les fraises
Disposer les lamelles de fraise et les quartiers d'orange sur un côté de l'assiette
Verser quelques filets de coulis de framboises
Tracer des lignes perpendiculaires au coulis à l'aide de la pointe du couteau
Dresser les tranches de pain perdu
Servir aussitôt

PAIN PERDU À LA CASSONADE NOIRE

par
Edouard Carlier

A. Beauvilliers
52, Rue Lamarck Paris 18ᵉ
Téléphone : 42 54 54 42 – Télécopie : 42 62 70 30

Ingrédients

1 baguette
2 grosses aubergines
1 dl d'huile d'arachide

Marinade
3 citrons
2 CS d'huile d'olive
4 branches de thym vert
4 branches de romarin vert
4 feuilles de laurier
1 cc de grains de coriandre

Mettabal
1 CS de crème de sésame
1 CS de purée de pois chiches
1 aubergine
3 CS d'huile d'olive

Décor
8 feuilles de coriandre

Matériel

1 poêle
Papier absorbant
1 presse-citron
1 mixeur
1 grille-pain

Le vin

Sylvaner 1992
Domaine Weinbach
Madame Théo Faller
et Filles
Clos des Capucins
68240 Kayserberg
Téléphone : 89 47 13 21
Télécopie : 89 47 38 18

Déroulement

Couper les 2 grosses aubergines en tranches de 8 mm dans le sens de la longueur
Chauffer 2 CS d'huile d'arachide dans la poêle
Y faire dorer les tranches d'aubergine sur les deux faces
Les égoutter et les réserver sur du papier absorbant
Ajouter de l'huile d'arachide dans la poêle en remettant d'autres tranches
Lorsqu'elles sont refroidies, les saler et les disposer dans un plat légèrement creux
Ajouter le thym, le romarin et verser l'huile d'olive
Presser les citrons et verser le jus dans le plat
Couvrir le plat avec un film transparent
Laisser mariner 24 heures à température ambiante
Préchauffer le four à 200°
Y cuire la dernière aubergine pendant 15 minutes
La laisser refroidir
La couper grossièrement et la placer dans le bol du mixeur
Ajouter les autres ingrédients du mettabal
Mixer jusqu'à obtention d'un mélange homogène
Assaisonner de sel et poivre et réserver au frais
Avant de servir, couper des croûtons de baguette de 10 cm de long sur 1 cm
Les passer dans le grille-pain
Les tartiner avec le mettabal
Décorer avec les feuilles de coriandre
Disposer les tranches d'aubergines dans les assiettes
Agrémenter de branches de thym et de romarin
Ajouter un peu de mettabal de part et d'autre
Placer les tartines avant de servir

Le conseil

On trouve facilement la crème de sésame et la purée de pois chiches dans les épiceries proposant des produits orientaux.

AUBERGINES GRILLÉES COMPOTÉES
AU METTABAL

par
Christian Conticini

La Table d'Anvers
2, place d'Anvers Paris 9ᵉ
Téléphone : 48 78 35 21 – Télécopie : 45 26 66 67

Ingrédients

1,5 kg de moules de bouchot
4 CS d'huile d'olive

Sauce
1/2 baguette rassie de trois
jours
3 oignons
1/2 l de vin blanc sec
2 CS de vinaigre de vin de
Champagne
1 citron pressé
1/2 cc de gingembre en
poudre
1/2 cc de quatre-épices
1 g de pistils de safran
2 cc de crème fraîche

Décor
1/2 baguette fraîche
2 CS d'huile d'olive
1 g de pistils de safran

Matériel

1 cocotte en fonte
1 chinois
4 assiettes allant au four
1 mixeur
1 poêle
Papier absorbant

Le vin

Croze hermitage blanc 1993
Domaine Combier
Avenue du 45ᵉ Parallèle
26600 Pont-de-l'Isère
Téléphone : 75 84 61 56
Télécopie : 75 84 53 43

Déroulement

Trancher la baguette rassie dans sa longueur
Griller légèrement les tartines obtenues
Les mixer grossièrement et les réserver
Préchauffer le four à 150 °
Nettoyer les moules, bien les rincer et les égoutter
Peler les oignons et les hacher finement
Chauffer 2 CS d'huile d'olive dans la cocotte
Verser les moules
Secouer la cocotte pour retourner les moules
Placer la poêle avec 2 CS d'huile d'olive sur feu doux
Faire revenir les oignons hachés sans qu'ils ne colorent
Retirer les moules ouvertes avec une écumoire
Passer le jus de cuisson au chinois
Y ajouter le vinaigre et le jus de citron
Tremper le pain grillé mixé dans ce mélange
Retirer une coquille de chaque moule
Les disposer sur les assiettes de service
Couvrir chaque assiette d'une feuille d'aluminium
Réserver ces assiettes dans le four chaud
Placer le pain trempé avec son jus dans le bol du mixeur
Ajouter les oignons, le vin blanc et les épices
Mixer le tout quelques secondes
Porter ce mélange à ébullition dans la casserole
Laisser 10 minutes sur feu doux
Découper 8 tranches de baguette fraîche
Faire chauffer 2 CS d'huile d'olive dans la poêle
Y faire dorer les croûtons sur chaque face
Les réserver sur du papier absorbant
Retirer la casserole de sauce du feu
Ajouter la crème fraîche et bien mélanger
Sortir les assiettes de moules du four
Les napper de sauce
Disposer deux croûtons de baguette sur chaque assiette
Replacer les assiettes au four 3 minutes
Les sortir, parsemer de filaments de safran
Servir aussitôt

CIVET DE MOULES À LA BAGUETTE RÔTIE

par
Bernard Fournier

Le Petit Colombier
40-42, rue des Acacias Paris 17ᵉ
Téléphone : 43 80 28 54 – Télécopie : 44 40 04 29

Ingrédients

1 lobe de foie gras de canard frais de 500 g environ
1/2 l de lait
1 baguette
2 l de fond de canard ou de fond de volaille
2 cl de cognac
1 cl de porto

Salade
250 g de mâche
200 g de pommes de terre rattes
2 CS de vinaigrette

Décor
Quelques brins de ciboulette
5 g de truffe hachée (facultatif)

Matériel

1 couteau d'office
1 casserole
2 torchons
Ficelle à rôti

Le vin

Montlouis demi-sec 1988
EARL Delétang
9, route d'Amboise
37270 Saint-Martin-le-Beau
Téléphone : (16) 47 50 67 25
Télécopie : (16) 47 50 26 46

Déroulement

Placer le foie gras dans un saladier
Verser le lait et 1/2 l d'eau
Laisser dégorger pendant 6 à 8 heures
Porter 2 l d'eau salée à ébullition
Plonger les pommes de terre non pelées
Les cuire 12 minutes à feu doux
Les retirer, les peler et les réserver au frais
Égoutter le foie gras et l'éponger
Le couper en deux dans le sens de la longueur
Retirer délicatement les grosses veines
Assaisonner avec sel et poivre
Arroser avec le cognac et le porto
Envelopper chaque morceau dans un torchon
Les ficeler aux deux bouts et à deux ou trois endroits
Porter le fond de canard ou le fond de volaille à ébullition
Plonger les deux rouleaux
Cuire dans l'eau frémissante 7 à 8 minutes
Laisser refroidir dans le jus de cuisson
Couper la baguette en 4 morceaux
Les évider de leur mie
Garnir les cavités avec le foie gras refroidi
Détailler en tronçons de 2 cm
Dresser sur les assiettes
Laver et émincer les brins de ciboulette
Laver la mâche et l'équeuter
L'assaisonner avec la moitié de la vinaigrette
La disposer dans les assiettes de service
Trancher les pommes de terre
Les ajouter à côté de la salade
Verser le reste de la vinaigrette
Parsemer de ciboulette et de truffe hachée
Servir aussitôt

FOIE GRAS EN CROÛTE DE BAGUETTE

par
Yan Jacquot

Le Toit de Passy
94, avenue Paul Doumer Paris 16ᵉ
Téléphone : 45 24 55 37 – Télécopie : 45 20 94 57

Ingrédients

1 baguette
300 g de morue salée
300 g de cabillaud
Le jus d'un demi-citron
3 CS de persil plat ciselé

Purée
300 g de grosses pommes de terre
60 g de beurre
2 dl de crème fleurette
1 gousse d'ail haché
1/2 dl d'huile d'olive

Cuisson du poisson
4 dl de lait
1 bouquet garni

Légumes marinés
100 g de courgette
100 g de concombre
100 g de carotte
1 citron

Cuisson des légumes
50 g de sucre semoule
1 dl de vinaigre blanc
10 graines de coriandre
1/2 gousse d'ail haché
1 baie de genièvre
1 bouquet garni
1 zeste d'orange

Vinaigrette
2 CS d'huile d'olive
1 CS de vinaigre balsamique
1 CS de vinaigre de framboise

Décor
Herbes de saison

Matériel

1 couteau d'office
1 casserole à fond épais
1 presse-purée
1 poche à grosse douille

Déroulement

Peler la carotte et la couper en rondelles de 1 mm d'épaisseur
Couper de la même manière la courgette, le concombre et le citron non pelés
Porter à ébullition 4 dl d'eau et les ingrédients de la cuisson des légumes
Plonger les carottes et laisser reprendre l'ébullition
Ajouter les trois autres légumes
Reporter à ébullition puis retirer du feu
Refroidir la cuisson sur glace
Y laisser mariner tous les légumes 6 heures au réfrigérateur
Passer la morue salée 3 minutes sous l'eau courante
La placer dans une grande casserole d'eau froide
La laisser dessaler 4 heures en changeant l'eau quatre fois
Saler et poivrer le cabillaud
Le déposer dans la casserole à fond épais avec la morue
Mouiller avec 2 dl d'eau et le lait
Ajouter le bouquet garni et placer sur feu doux
Dès les premiers frémissements, retirer du feu
Couvrir et laisser pocher ainsi 15 minutes avant d'égoutter
Retirer les arêtes, effeuiller délicatement et réserver
Cuire les pommes de terre 25 minutes dans 3 l d'eau salée
Les passer au presse-purée
Porter la crème, le beurre et l'huile à ébullition
Incorporer ce mélange à la purée et laisser refroidir
Prélever la moitié de l'effeuillée de poissons
La mélanger délicatement à la purée
Ajouter le jus de citron et le persil ciselé
Vérifier l'assaisonnement et remplir la poche à douille
Couper la baguette en quatre et l'évider de sa mie
Remplir les cavités à l'aide de la poche à douille
Réserver au frais pendant une heure avant de découper en rondelles de 5 mm et disposer en cercle dans les assiettes
Égoutter les légumes marinés
Les mêler au reste de l'effeuillée de poisson
Rectifier l'assaisonnement et répartir au centre des assiettes
Préparer la vinaigrette et la répartir sur la salade
Décorer avec les herbes de saison
Servir aussitôt

Le vin

Anjou blanc sec sur lie 1992
Le Grand Clos, Château de la Roulerie
Gaston Lenôtre et Jacques Boivin
Château de Fesles
49380 Thouarcé
Téléphone : (16) 41 54 14 32 – Télécopie : (16) 41 54 06 10

Rouelles de baguette farcies au cabillaud et à la brandade

par
Patrick Lenôtre

Le Pavillon des Princes
69, avenue de la Porte d'Auteuil Paris 16ᵉ
Téléphone : 47 43 15 15 – Télécopie : 46 51 16 94

Ingrédients

1/2 baguette
4 pommes
400 g de boudin
50 g de beurre clarifié

Décor
1 petit oignon
2 CS de farine
20 g de beurre clarifié
2 branches de cerfeuil

Matériel

1 poêle
Papier absorbant

Le vin

Bourgueil
Domaine des Raguenières
Le Machet
37140 Benais
Téléphone : 47 97 30 16
Télécopie : 47 97 46 78

Déroulement

Préchauffer le four sur position grill
Couper la baguette en tranches de 1 cm
Passer une seule face sous le grill pendant 2 minutes
Peler l'oignon et le couper en fines lamelles
Les passer dans la farine
Chauffer 20 g de beurre clarifié dans la poêle
Y faire frire les lamelles d'oignons
Les retirer et les disposer sur du papier absorbant
Peler les pommes et retirer les pépins
Les couper en 8 quartiers
Nettoyer la poêle et y chauffer 50 g de beurre clarifié
Colorer à feu vif les quartiers de pomme des deux côtés
Retirer du feu et réserver au chaud
Couper le boudin en tranches de 1 cm
Disposer deux quartiers de pomme sur le côté non grillé de chaque croûton
Ajouter une tranche de boudin
Passer au grill 2 à 3 minutes
Décorer avec des lamelles d'oignons frits et un brin de cerfeuil
Servir aussitôt

Toasts de baguette aux pommes et au boudin

par
Roland Magne

Au Pactole
44, boulevard Saint-Germain Paris 5ᵉ
Téléphone : 46 33 31 31 – Télécopie : 46 33 07 60

Ingrédients

1 baguette
1/4 de crème fleurette
40 g de sucre
250 g de framboises
100 g de beurre

Coulis de framboises
250 g de framboises
1/2 citron
10 g de sucre

Décor
Sucre glace

Matériel

1 poêle
1 robot de cuisine
1 presse-citron
Papier absorbant

Le vin

Mercurey
"La Framboisière" 1991
Joseph Faiveley
8, rue du Tribourg
21700 Nuits-Saint-Georges
Téléphone : 80 61 04 55
Télécopie : 80 62 33 37

Déroulement

Chauffer le quart du beurre dans la poêle
Débiter 8 croûtons de baguette *allongés* de 1 cm d'épaisseur
Les passer dans la poêle
Dès coloration, les disposer sur du papier absorbant
Presser le citron
Mixer les framboises du coulis avec le sucre et le jus de citron
Placer la crème et le sucre dans le robot de cuisine
Monter le mélange
Le répartir sur les rondelles de baguette frites
Disposer les framboises
Saupoudrer légèrement de sucre glace
Répartir le coulis sur les assiettes
Dresser les toasties
Servir aussitôt

TOASTIES DE BAGUETTE AUX FRAMBOISES,
À LA CRÈME LÉGERE

par
Michel Moisan

Les Vieux Métiers de France
13, Boulevard Auguste Blanqui Paris 13ᵉ
Téléphone : 45 81 07 07 – Télécopie : 45 80 73 80

Ingrédients

1 baguette
2 grosses tomates
125 g de mozzarelle
1 botte de basilic
3 gousses d'ail
2 courgettes
1 aubergine
1 dl d'huile d'olive
60 g de tapenade d'olives
niçoises

Décor
100 g de mesclun
1 CS de vinaigrette

Matériel

1 casserole
1 couteau d'office
1 poêle
1 grille-pain

Le vin

Bandol rosé 1992
Domaine Tempier
Le plan du Castellet
83330 Le Castellet
Téléphone : 94 98 70 21
Télécopie : 94 90 21 65

Déroulement

Porter 2 l d'eau à ébullition
Plonger les tomates dans l'eau frémissante
Les laisser 2 minutes
Les retirer et les rafraîchir sous l'eau courante
Laver les courgettes et l'aubergine
Les débiter en lamelles
Verser 2 CS d'huile d'olive dans la poêle
La placer sur feu vif
Y faire frire les tranches de courgettes et d'aubergine sur les deux faces
Ajouter de l'huile d'olive dans la poêle au fur et à mesure
Égoutter ces tranches
Les disposer sur du papier absorbant et les saler
Couper la mozzarelle en fines tranches
Peler l'ail
Couper la baguette en quatre
Trancher ces morceaux sur leur longueur
Les faire dorer dans le grille-pain
Les frotter à l'ail
Alterner des tranches d'aubergine, de tomate, de courgette, de mozzarelle et des feuilles de basilic
Disposer sur les assiettes et poivrer
Ajouter un peu de tapenade sur les tartines
Assaisonner le mesclun avec la vinaigrette
Le répartir dans les assiettes
Servir aussitôt

BAGUETTE GRILLÉE AUX LÉGUMES DE PROVENCE ET MOZZARELLE

par
Michel Rostang

Michel Rostang
20, rue Rennequin Paris 17ᵉ
Téléphone : 47 63 40 77 – Télécopie : 47 63 82 75

Ingrédients

6 petits rougets barbet
2 CS d'huile d'olive
1/2 baguette

Garniture
50 g d'olives vertes
dénoyautées
50 g d'olives noires
dénoyautées
50 g de fenouil
2 CS d'huile d'olive

Décor
50 g de mâche
1 petit fenouil confit

Tapenade
25 g d'olives noires
dénoyautées
2 CS d'huile d'olive
1 gousse d'ail haché

Sauce
50 g de beurre
1 citron
1 CS de persil plat
1 CS de câpres
1 CS d'olives noires
dénoyautées

Matériel

1 poêle
1 mixeur
1 couteau d'office
1 couteau zesteur
1 petite casserole
1 presse-citron

Le vin

Châteauneuf-du-pape blanc
Château de Beaucastel 1992
Pierre Perrin
739, chemin Beaucastel
84350 Courthézon
Téléphone : 90 70 41 00
Télécopie : 90 70 41 19

Déroulement

Faire lever les filets des rougets par le poissonnier
Laver et équeuter la mâche
Mixer les ingrédients de la tapenade
Cuire ce mélange 3 à 4 minutes à feu doux et le réserver
Préchauffer le four à 180°
Découper 8 tranches de baguette de 1 cm d'épaisseur
Placer les ingrédients de la garniture dans le bol du mixeur
Mixer quelques secondes
Répartir cette concassée sur les croûtons et les réserver
Verser 2 CS d'huile d'olive dans poêle
La placer sur feu vif
Saler les filets des rougets
Les mettre à cuire côté peau dans la poêle bien chaude
Attendre que la peau soit bien croustillante pour les retourner délicatement
Laisser cuire encore une minute
Égoutter sur du papier absorbant et réserver au chaud
Placer les croûtons dans le four 5 à 6 minutes
Assaisonner la mâche avec de la vinaigrette aromatisée au jus de truffes
La disposer en éventail dans le haut des assiettes
Lever les zestes du citron à l'aide du couteau zesteur
Chauffer les ingrédients de la sauce sur feu doux
Dresser les filets de rougets
Confectionner huit quenelles de tapenade
Les déposer dans les assiettes
Tailler le fenouil confit en 16 petits triangles
Les répartir dans les assiettes
Verser la sauce sur les filets de rougets
Ajouter un filet de citron
Garnir avec les croûtons
Servir aussitôt

ROUGETS À LA CALABRAISE

par

Alain Senderens & Bertrand Gueneron

Lucas Carton
9, place de la Madeleine Paris 8ᵉ
Téléphone : 42 65 22 90 – Télécopie : 42 65 06 23

Ingrédients

1 baguette

Anchoïade

180 g de filets d'anchois à
l'huile

300 g d'olives noires à
l'huile dénoyautées

150 g de câpres égouttées

2 gousses d'ail frais

20 cl d'huile d'olive

2 CS de persil frais haché

1 citron

Salade niçoise

60 g de haricots verts

2 œufs

1 poivron rouge

1 poivron vert

4 oignons nouveaux

200 g de pommes de terre
ratte

1/2 salade frisée

12 olives noires

60 g de thon à l'huile

8 filets d'anchois

Sauce

2 CS d'huile d'olive

1 CS de vinaigre

Matériel

1 presse-citron
1 casserole
1 couteau d'office
1 mixeur

Le vin

Tavel
Domaine Maby
Roger Maby
30126 Tavel
Téléphone : 66 50 03 40
Télécopie : 66 50 43 12

Déroulement

Presser le citron et réserver le jus

Placer tous les ingrédients de l'anchoïade dans le bol du mixeur

Mixer pour obtenir un mélange homogène

Incorporer le jus de citron

Réserver au frais

Porter à ébullition 2 casseroles d'eau salée

Cuire les pommes à feu doux dans la première

Ajouter les œufs au bout de 8 minutes

Laisser frémir 7 minutes

Cuire les haricots verts 8 minutes dans l'autre casserole

Égoutter et rafraîchir à l'eau courante

Peler les pommes de terre et les réserver au frais

Écaler les œufs et les réserver au frais

Réserver les haricots verts au frais

Laver la salade frisée et le persil

Laver les autres ingrédients de la salade

Épépiner les poivrons et les couper en lamelles

Nettoyer les oignons

Débiter les pommes de terre en tranches

Dresser la salade niçoise dans les assiettes de service

Préchauffer le four sur position *grill*

Couper 16 croûtons de baguette *allongés* de 1 cm d'épaisseur

Les tartiner avec l'anchoïade

Décorer avec un demi-filet d'anchois

Passer ces croûtons au grill

Les ajouter sur les assiettes

Servir aussitôt

ANCHOÏADE À LA NIÇOISE

par

Jacques Sénéchal

Les Célébrités
Hôtel Nikko
61, quai de Grenelle Paris 15ᵉ
Téléphone : 40 58 20 00 – Télécopie : 45 75 42 35

Ingrédients

1/2 baguette
1 bocal de 500 g de haricots blancs
1,5 dl d'huile d'olive
50 cl de crème fraîche épaisse
25 cl de crème fraîche liquide
1 botte de ciboulette

Décor
1 branche de basilic
1 CS d'huile d'olive
4 langoustines cuites

Matériel

1 casserole
1 pinceau
1 mixeur
1 passoire

Le vin

St Joseph blanc
Bernard Gripa
5, avenue Ozier
07300 Mauves
Téléphone : 75 08 14 96
Télécopie : 75 07 06 81

Déroulement

Placer la crème liquide 30 minutes au freezer
Égoutter les haricots
Les mixer avec la crème épaisse
Dès que le mélange devient homogène, verser l'huile d'olive en filet sans cesser de mixer
Réserver au frais
Ciseler la ciboulette
Monter la crème liquide au batteur
Ajouter la ciboulette, saler, poivrer et réserver au frais
Préchauffer le four à 250°
Découper la baguette en tranches "allongées" de 5 mm d'épaisseur
Les huiler légèrement à l'aide du pinceau
Les disposer sur une grille et les colorer au four en laissant la porte ouverte
Verser la crème de haricots dans des assiettes creuses
Confectionner 8 petites quenelles de crème à la ciboulette à l'aide de deux petites cuillers
Les disposer sur la crème de haricots
Décortiquer les queues de langoustine et les répartir sur les assiettes
Décorer avec un petit bouquet de basilic
Arroser d'un filet d'huile d'olive
Servir avec les croquants de baguette

Crème glacée de haricots à la ciboulette, croquants de baguette frits à sec

par
Jean-Pierre Vigato

Apicius
122, avenue de Villiers Paris 17ᵉ
Téléphone : 43 80 19 66 – Télécopie : 44 40 09 57

INDEX DES RECETTES

DE LA CUEILLETTE
À LA BAGUETTE

Il a fallu beaucoup de temps, d'énergie et d'ingéniosité pour que notre contemporain puisse acheter quotidiennement une baguette de qualité chez son boulanger. L'aventure commence au paléolithique. Au gré de leurs déplacements, les hommes cueillent pour se nourrir des céréales poussant spontanément dans la nature.

LA PRÉHISTOIRE ET L'ANTIQUITÉ

Le berceau du pain se situe au Moyen-Orient où, dès 10000 av. J.-C., on trouve des blés non brisants dans la région de Jéricho. Vers 8000 ans avant notre ère, on commence à cultiver l'orge et le blé près de Zagros, en Mésopotamie. À partir de variétés sauvages, on améliore la qualité des céréales par sélections et croisements successifs. Une faucille en pierre datant de la même époque a été retrouvée en Dordogne.

Trente siècles plus tard, cette culture s'étend à toute l'Europe. Encore mille ans et le seigle est consommé en Provence. Les premières charrues attelées ou à soc métallique entrent en scène au Proche-Orient vers 3000 av. J.-C. Des tablettes cunéiformes portent la trace de transactions sur des sacs de grains vers 2400 av. J.-C. en Babylonie. Le code du roi Hammourabi II, au XVIIIe siècle av. J.-C. est le premier recueil de textes régissant l'agriculture. Il fait mention de *bière mangeable*, de *pain qui se boit* et de *bière-mère* (levain). Tous ces produits sont élaborés à partir de bouillies d'orge.

LES ÉGYPTIENS

De toute éternité, l'Égypte doit sa vie au Nil dont les crues fertilisent une terre qui, sans lui, resterait désespérément aride. Une fois le blé domestiqué, les Égyptiens peuvent disposer d'une matière première abondante que des hommes ingénieux tentent d'accommoder de diverses manières. Ici comme ailleurs, on passe des bouillies aux mazes, puis de celles-ci au pain. Plus de quinze variétés de pains ou de galettes sont élaborées par les boulangers. Leurs compositions diverses prennent des formes variées ornées de motifs géométriques. Parfois, le pétrissage s'effectue avec les pieds et certaines pâtes comportent de la levure de bière, la boisson favorite des Égyptiens. Pour l'un de ces pains, la pâte de farine tamisée est pétrie dans de grands récipients de terre avant de cuire dans des moules préalablement chauffés au four. C'est de la forme de ces moules que les pyramides tirent leur nom, d'un mot grec signifiant *pâte cuite*. Le Pharaon, propriétaire de la quasi-totalité des terres et des récoltes fait distribuer les céréales ou le pain à ses sujets. Chaque classe bénéficie d'une quantité et d'une qualité de pain bien précises. Ainsi, un fonctionnaire de la cour ne mange-t-il pas le même pain qu'un ouvrier travaillant à l'édification d'un palais ou d'une pyramide. C'est d'ailleurs de cette époque que datent les premières grèves en rapport direct avec le pain. Les nombreuses œuvres qui nous sont parvenues attestent l'importance accordée par les Égyptiens à la maîtrise de cet art. Des peintures ou des bas-reliefs laissés sur les tombeaux ont pour thème la culture des céréales, la meunerie ou la boulangerie.

LES HÉBREUX

Au cours de leur exil de quatre cent trente ans en Égypte, les Hébreux découvrent le pain. Auparavant, ces pasteurs ne connaissaient que les galettes à pâte non levée cuites sur des pierres. La précipitation avec laquelle Moïse conduit son peuple vers la Terre promise ne laisse pas au pain le temps de lever. Pour commémorer cette libération, les juifs ont gardé l'habitude de manger ce *pain azyme* durant la semaine que dure la Pâque. Mais même azyme, le pain vient à manquer au cours des quarante ans que dure la traversée du Sinaï. Aussi, le même Dieu qui chassa Adam du Paradis en lui enjoignant de *"gagner son pain à la sueur de son front"* envoie-t-il au peuple de Moïse la manne, le *"pain qui tombe du ciel"*.

LES GRECS

Contrairement à l'Égypte, la Grèce est un pays au sol pauvre et rocailleux que ne vient fertiliser nul fleuve majestueux. Aussi, les Grecs de l'Antiquité dépendent-ils, pour l'essentiel, des récoltes importées de leurs comptoirs disséminés dans tout le monde connu. Après avoir utilisé des moules, les Grecs inventent le four moderne : chauffé de l'intérieur et accessible par une ouverture frontale. La maze d'orge, réservée au quotidien du peuple se voit remplacée par le pain de froment (ou artos) dans les grandes occasions. D'abord fabriqué dans les foyers, il est acheté chez le boulanger à partir du Ve siècle av. J.-C., le siècle d'or de la Grèce antique, celui de Périclès. Les Grecs se nourrissent de ces deux sortes de pain qu'ils garnissent de toutes sortes d'aliments : olives, oignons, ail, poisson et, plus rarement, viande. Les pains sont tranchés en leur milieu et les autres aliments, combinés ou non, garnissent ces premiers sandwichs. Un Grec habitant l'une des nombreuses colonies établies sur les côtes italiennes décide de déposer sa garniture de poisson en saumure non plus dans mais sur son pain donnant ainsi le jour à la première pizza. Les boulangers grecs hissent leur art à des sommets : non seulement ils confectionnent des pains dont les formes s'accordent à telle ou telle occasion mais ils passent également maîtres dans l'art de préparer des pâtes aux multiples compositions. Toutes ces variétés qu'un livre entier ne suffirait pas à décrire agrémentent leurs étals. D'ailleurs, le premier manuel de boulangerie, L'art de faire le pain, est l'œuvre d'un Grec, Chrysippe de Thyane. Il y recense quatre-vingts pains dif-

férents. Nous nous contenterons de citer le boletos, en forme de champignon au chapeau parsemé de graines de pavot, le daraton, galette sans levain ou l'almogée des paysans, semblable à nos boules campagnardes. Le syncomiste, pain noir de farine de seigle non blutée, remplit le même office pour la digestion que notre pain au son. Le semidalite au gruau ou le chondrite à l'épeautre sont le pain quotidien des classes aisées. Des biscuits de mer sont confectionnés à Rhodes et les habitants d'Éphèse, en hommage à Artémis, déesse de la lune, fabriquent l'hémiarton en forme de croissant.

LES ROMAINS

Si les Égyptiens sont les *inventeurs* du pain tel que nous l'entendons, les Grecs en sont les propagateurs. Ils font partager leur goût et leur science du pain aux Romains dès le huitième siècle avant notre ère. En 168 av. J.-C., de nombreux artisans hellènes, à la fois meuniers et boulangers, s'installent à Rome. Vers 30 av. J.-C., Rome ne compte pas moins de 329 boulangeries tenues essentiellement par des Grecs secondés par des Gaulois qui ont assimilé cet art. La diversité des pains offerts va du siligeneces, pain de fin gruau réservé aux classes aisées au plebeius ou au sordidis qui ne vole pas son nom et que se partagent les classes moins favorisées. Mais il y a également une multitude de pains fantaisie tels l'ostrearius, servi avec les huîtres, ou des pains aux raisins secs cuits dans des moules à usage unique. Les patriciens aisés prennent l'habitude d'affecter à sa confection des esclaves masqués et gantés pour le pétrissage des pâtes afin que ces boulangers ne les souillent pas de leur sueur ou de leur haleine supposée nocive. De grands progrès sont faits dans la connaissance des qualités nutritives des blés. Galien, le célèbre médecin de Pergame, classe les farines en quatre catégories : la farine de son, dont il décrit déjà le rôle dans la digestion, la farine complète et les farines blanches de deuxième et de première catégories.

LE PAIN EN FRANCE

Les Phocéens introduisent le pain en Gaule avant même qu'il ne soit connu à Rome. Plusieurs siècles avant notre ère, c'est de Marseille que rayonne l'art de la boulangerie dans notre pays. Le goût des Gaulois pour la bière les incite à remplacer l'eau par cette dernière. Constatant que le pain est d'autant plus léger que la bière est trouble, ils ont l'idée d'utiliser la mousse pour faire lever la pâte.

Les invasions barbares mettent à bas une agriculture développée qui laisse la place à la jachère. Ce sont alors deux siècles presque ininterrompus de famine. La première grande disette qui ait laissé des traces dans notre histoire date de l'an 481, sous le règne de Childéric Ier. Au cours de celle-ci, Erdice, seigneur d'Auvergne, nourrit 4 000 pauvres. Sous le règne de Childebert Ier, en 524, des importations massives envoyées par Théodoric, roi d'Italie, viennent à point nommé pour enrayer une situation dramatique. En 651, au cours d'une autre famine mémorable, le roi Clovis II monnaie la châsse d'argent de saint Denis contre de la farine qu'il fait distribuer aux nécessiteux. Parallèlement, des peines sévères sont instituées contre ceux qui cachent ou exportent du blé.

C'est vers 760 que le métier de boulanger fait sa réapparition dans les grandes villes du royaume. Les moulins à eau, qui se multiplient le long de nos rivières, favorisent l'expansion de la profession sous le règne de Charlemagne. Dans un acte de l'an 800, l'empereur à la barbe fleurie décrète *"que le nombre de boulangers soit toujours complet et que leur lieu de travail soit toujours tenu avec ordre et propreté"*. En outre, il établit une législation très répressive à l'encontre de quiconque troublerait la bonne marche de la meunerie. En 864, Charles le Chauve prescrit les dimensions que doivent avoir les pains proposés à la vente.

En ces temps, les épidémies, la guerre et les famines se succèdent au fil des années. Ainsi, de 970 à 1040, on ne compte pas moins de 48 années de peste ou de disette. Durant cette période *"des paysans, réduits au désespoir par la faim, s'embusquent le long des routes pour faire la chasse aux hommes ; ils tuent les passants, les font cuire et les mangent"*. Les causes principales de ces fléaux sont à rechercher dans le régime féodal. Le seigneur multiplie taxes et impôts les plus divers. Les guerres incessantes occupent des armées de paysans forcés d'abandonner le travail de la terre. Les pillages et les incendies ajoutent à la désolation des terres incultes. En 1035, un incendie détruit presque entièrement Paris après deux années de famine. Au cours d'une famine qui dure sept ans, en 1059, Philippe Ier décrète que le supplice du feu punira tout coupable d'anthropophagie. Il n'est pas rare, en effet, de voir de la chair humaine proposée sur des étals.

À cette époque, tout Paris tenait dans l'île de la Cité. Certains des moulins approvisionnant la capitale sont amarrés au Pont au Change appelé le Pont aux Meuniers. La vente de grain se fait dans une halle établie rue de la Cité, alors nommée rue de la Juiverie. Boulangers et meuniers emploient des crieurs qui proposent leurs services ou leurs produits le long des rues. Au XIIe siècle, les échoppes des boulangers portent le nom d'ouvroir. Les pains sont présentés sur les fenêtres et les portes de ces réduits faiblement éclairés par une petite ouverture. Le client ne pénètre pas dans la boutique et reste devant cette ouverture à travers laquelle s'effectue la transaction.

Sous le règne de Philippe Auguste, les faubourgs de Saint-Germain l'Auxerrois, Beau-Bourg, Bourg-Thibourt ainsi que d'autres localités environnantes sont rattachés à Paris. Une nouvelle enceinte remplace celle qui protégeait la ville jusque là. L'urbanisation gagne la quasi totalité des terrains situés entre les deux murailles et la population de la ville s'accroît dans des proportions considérables. Cette situation nouvelle permet aux boulangers établis dans les murs de s'affranchir de l'obligation de cuire leur pain dans les fours banaux. Ils obtiennent du roi le droit de construire leurs propres fours. Ils y cuisent leur pain ainsi que celui des particuliers et de confrères qui ne possèdent pas de four. Cette reconnaissance pleine et entière de la profession permet la création d'une confrérie protégée par le roi, qui leur donne le monopole exclusif de cette activité.

À la fin du XIIIe siècle, un large éventail de pains s'offre au choix des Parisiens. Le pain de Gonnesse commence à bénéficier d'une réputation qui durera jusqu'à la Révolution. *"Il était blanc, délicat et ne le cédait en rien au pain mollet des bourgeois parisiens"* a dit de lui Olivier de Serres. Sa renommée est telle que le roi Henri IV demande à être appelé simplement *"roi de Gonnesse et d'Ay"*

(*capitales* du pain et du vin). Les nombreux boulangers établis dans le village de Gonnesse assurent une réelle prospérité à la localité. Le pain courant est le pain *coquillé*, présentant de nombreuses boursouflures. Le pain bis ou pain des pauvres est élaboré à partir d'une farine à peine tamisée de seigle et de froment. Les restes de pâte servent à confectionner le pain *aliz*. Le pain *meschevé* (ainsi dénommé parce que mal terminé) et le pain *mestourné* (trop petit) sont vendus à moindre prix. Quant aux pains *reboutis* (défectueux) ou *ratés* (car entamés par les rats ou les souris), ils sont donnés aux pauvres. Le pain fait par les bourgeois et porté à cuire chez le boulanger est appelé *pain de cuisson*. L'utilisation du *tranchoir* était de règle dans les classes populaires. Cuit sans levain, ce pain très compact servait en fait d'*assiette comestible*.

La construction et l'entretien d'un moulin et d'un four sont si coûteux que seuls de riches propriétaires peuvent en faire l'investissement. En retour, ils s'assurent des revenus importants en les mettant à la disposition de la communauté contre un paiement en nature ou des espèces sonnantes et trébuchantes. Ce sont généralement les seigneurs, alors possesseurs des terres, qui s'attribuent la

propriété et la gestion de tels édifices. Ils en rendent l'usage obligatoire. Ainsi chacun, d'un bout à l'autre de l'échelle sociale, est tenu d'y moudre son grain et d'y cuire son pain. Cela constitue un des privilèges de la classe dirigeante connu sous le nom de *banalité*. Saint Louis affranchit les villes de cette servitude. Les campagnes devront attendre la Révolution pour voir ce privilège supprimé.

LA RENAISSANCE

Au cours de la Renaissance, le pain ne connaît pas de bouleversements. La mouture bénéficie de l'invention du blutoir, une caisse allongée agitée par une manivelle dont on trouve la première trace en 1552. À la fin du règne d'Henri II, disparaît un privilège très envié. En 1547, Antoine Andrault est le dernier *boulanger des petits chiens blancs*, chargé de préparer de petits pains destinés aux chiens favoris du roi. Charles IX en 1567, et Henri III dix ans plus tard imposent l'édification de greniers à blé devant abriter trois mois de réserves de grains pour faire face aux disettes ou aux guerres.

En 1567, le boulanger du chapitre de Notre-Dame met au point un pain fait d'une pâte si ferme qu'il est impossible de la travailler avec la force des bras. C'est avec leurs pieds soigneusement lavés à l'eau chaude que les boulangers doivent pétrir la masse de pâte. Le pain blanc obtenu a un tel succès que de nombreux boulangers s'établissent rue Taillepain, près de l'église Saint-Merri pour ne confectionner que ce type de pain. Au nombre de neuf cent dix, les boulangers parisiens (environ deux cent cinquante dans les murs, le reste dans les faubourgs) ne suffisent pas à l'approvisionnement de toute la population. Neuf cents boulangers *forains* viennent les seconder deux fois par semaine. La plupart arrivent par des coches d'eau appelés *corbillards* car ils sont en majorité originaires de la région de Corbeil.

À la suite d'une grève, les boulangers se voient interdire le port de l'épée en 1579. La même ordonnance leur enjoint de ne porter ni manteaux, ni chapeaux ni hauts-de-chausses. De tels vêtements sont tolérés les dimanches et jours de fêtes à la condition expresse d'être gris ou blancs. Le non-respect de ces consignes les expose à la prison et à des peines corporelles qui s'ajoutent à la confiscation des vêtements. Pour être bien sûr que les boulangers ne soient pas tentés de rejoindre une manifestation improvisée, ils doivent travailler en chemise, caleçon et bonnet.

De nouvelles disettes font des ravages en 1586 et 1587. Le prévôt de Paris, Jacques de la Guesde, rapporte que pendant cette période *"confusion et désordre ont eu lieu partout, spécialement en l'état de boulanger"*. Nombreux sont ceux qui s'installent dans le métier sans l'avoir appris et se contentent de revendre plus cher dans leurs boutiques du pain qu'ils achètent à de vrais professionnels.

L'accession du roi de Navarre au trône de France en 1589 ouvre une période de guerre civile qui se termine par l'entrée d'Henri IV à Paris. Au cours du siège de la ville, 13 000 Parisiens meurent de faim. Les disettes persistent de nombreuses années et le prévôt de Paris prend des dispositions pour protéger l'activité des boulangers parisiens. Au cours de son règne, Henri IV crée un groupe de boulangers jouissant d'un grand privilège : il sont admis à suivre la Cour dans ses déplacements. De huit à l'origine, leur nombre sera porté à douze par Louis XIII.

LE RÈGNE DE LOUIS XIV

Les fastes développés à la Cour par Louis XIV vont de pair avec de terribles disettes qui affectent ses sujets dans tout le royaume. Nombreuses sont les mauvaises récoltes dues aux rigueurs du climat. Mais la majeure partie des famines sont dues au comportement des spéculateurs. Ils font courir les nouvelles les plus alarmantes et accaparent les récoltes allant jusqu'à les acheter sur pied pour peser sur les cours. Les blés atteignent des prix records qui en interdisent l'achat au peuple. Des commissaires nommés par le pouvoir sont chargés de réquisitionner le blé que les spéculateurs s'ingénient à cacher de plus en plus loin de Paris. Les stocks saisis sont mis en vente et les marchands indélicats condamnés. Par crainte de voir leurs récoltes vendues à vil prix ou réquisitionnées par la force publique, des agriculteurs se résignent à laisser une partie de leurs terres en jachère. D'autres, par peur de manquer, préfèrent garder la totalité de leur récolte plutôt que d'en consacrer une partie à l'emblavement des terres.

Pour peser sur les cours, Louis XIV importe avec ses propres deniers du blé de la Baltique qu'il vend à la moitié du prix du marché. Il va même jusqu'à installer des fours au Louvre pour y faire du pain vendu à la moitié du prix pratiqué dans la ville. Déclarée illégale, l'exportation de céréales devient passible des galères puis de la peine de mort. Les droits de douane sur les blés à l'importation sont supprimés. Les boulangers sont contraints de proposer à la vente trois types de pains : pain blanc (à deux sous la livre), pain bis (à un sou la livre) et une qualité intermédiaire appelée *pain bis blanc* (à un sou et demi la livre). La même ordonnance de police stipule que chaque pain doit obligatoirement indiquer son poids et comporter la marque du boulanger qui l'a confectionné. Les contrevenants s'exposent à de fortes amendes, voire à la prison.

L'église prête son concours à la mise à l'index des accapareurs de grains. Le *moniteur ecclésiastique* a pour but de les dénoncer aux fidèles au cours des offices :

"Pendant trois dimanches consécutifs, le curé interrompt la grand-messe, réclame l'attention des fidèles et leur lit un papier "par ordre de l'Archevêché de Paris, à la requête du lieutenant de police et du Procureur du Roi au Châtelet, complaignant à Dieu et à notre sainte mère l'Église". Celui du 3 juillet 1694 commence par quelques phrases adressées à tous ceux qui savent et ont connaissance que certains quidams malintentionnés auraient enlevé, diverti ou retenu des blés destinés pour la provision de Paris et auraient commis des monopoles et malversations à cet égard."* L'excommunication attend les coupables désignés implicitement à l'assistance.

La situation varie d'une province à l'autre. Madame de Sévigné, dans une lettre envoyée à sa fille le 21 octobre 1673, se plaint d'une mévente en raison de récoltes abondantes : *"Tout crève de blé, et je n'ai pas un sol ! J'en ai 20 000 boisseaux à vendre, je crie famine sur un tas de blé."* Une autre lettre, envoyée par la supérieure d'un couvent de Blois à une amie parisienne nous décrit une tout autre situation : *"Toute la rue résonne de cris lamentables. Les pauvres de la campagne se repaissent de viande corrompue et les pauvres de la ville mangent un peu de son détrempé dans l'eau pure."* Alors que s'achève le règne du Roi-Soleil, la misère gagne du terrain. De tout le royaume parviennent des rapports semblables à celui de l'intendant de Bourgogne : *"Nous voyons les pauvres mourir de faim dans les rues sans leur pouvoir donner du secours, parce que le nombre en est trop grand et qu'on ne trouve pas de blé pour de l'argent."*

Lorsque les récoltes permettent d'espérer une baisse des prix, meuniers et boulangers se font tirer l'oreille pour s'y prêter. Une ordonnance de police du 15 octobre 1666 déplore que, *"par malice ou avidité"*, les boulangers maintiennent des prix de vente élevés et que, *"de ce fait, les pauvres ne se ressentent pas des grâces que Dieu leur fait en leur procurant l'abondance"*. On fait appel à la garde pour escorter les

convois de grain vers la capitale et protéger les boulangers. En novembre 1692, le marché de la place Maubert est le théâtre de scènes de pillage au cours desquelles des boulangers sont molestés. Trois soldats ayant participé aux violences sont condamnés à être pendus sur le lieu même de leurs agissements. Un membre du groupe est mis au carcan et quatre autres sont envoyés aux galères ou emprisonnés. Quand le pain vient à manquer où lorsque son prix en interdit l'usage aux pauvres, de tels incidents ne sont pas rares : un certain Faguet reconnu à la tête d'un groupe qui pille une boulangerie est pendu dans le faubourg Saint-Marcel. Le pouvoir en arrive à promulguer un arrêt qui, *"sur réquisition du Procureur général du Roy, fait très expresses inhibitions et défenses à toutes personnes de s'attrouper tumultuairement dans cette Ville et faubourgs de Paris et de faire aucune violence aux boulangers à peine de vie"*.

L'état de la France est tel vers la fin du règne du Roi-Soleil que même un grand serviteur de la couronne comme Vauban s'en émeut dans un ouvrage qui sera mis au pilon : *"Je me sens encore obligé d'honneur et de conscience de représenter à sa Majesté, qu'il m'a paru que de tout temps, on n'avait pas eu assez d'égards en France pour le menu Peuple, et qu'on en avait fait trop peu de cas : aussi, c'est la partie la plus ruinée et la plus misérable du Royaume ; c'est elle cependant qui est la plus considérable par son nombre et par les services réels et effectifs qu'elle luy rend."* La plus épouvantable famine a lieu en 1709. Elle suit un hiver que Saint-Simon décrit en ces termes : *"En quatre jours, la Seine et toutes les autres rivières furent prises, et, ce qu'on n'avait jamais vu, la mer gela le long de la côte... Jusqu'aux arbres fruitiers et plusieurs autres fort durs, tout demeura gelé. Le pain renchérit à proportion du désespoir de la récolte."* Les échanges sont complètement désorganisés en raison de la destruction d'un grand nombre de ponts et des routes rendues impraticables.

Une des dernières décisions de Louis XIV est la suppression de la charge de *grand panetier du roi*. Il représente le roi auprès du Prévôt de Paris pour toutes les affaires se rapportant à la boulangerie. Responsable du pain du roi, il touche une rente importante à laquelle s'ajoutent les contributions de tous les maîtres boulangers au cours de leur formation ou après leur réception dans la profession. Pour dédommager son cousin, Louis-Timoléon, duc de Cossé-Brissac, colonel de la garde des suisses du roi et dernier titulaire de la charge, Louis XIV l'autorise à percevoir pendant encore sept ans les revenus versés par les boulangers. Toutes ses prérogatives sont transférées au lieutenant général de police. C'est donc à lui que revient la mission de veiller au respect de la loi.

LA FIN DE L'ANCIEN RÉGIME

Sous Louis XV, le pain est un souci majeur, tant pour le gouvernement que pour le peuple qui subit disettes et chertés à répétition. Des émeutes éclatent à Reims, Rennes, Rouen, Caen et dans tout le royaume. Préfigurant celui qui viendra 64 ans plus tard, le 14 juillet 1725 donne lieu à de violentes manifestations dans Paris : *"La bagarre a été sérieuse à Paris, samedi dernier, 14 de ce mois de juillet, dans le faubourg Saint-Antoine, très rempli de peuple. Un boulanger voulut vendre, à ce que l'on dit, un pain 34 sols, qu'il avait donné le matin à 30. La femme à qui cette aventure arriva fit du bruit, appela voisins et voisines ; le peuple s'assembla en fureur contre les boulangers en général, et, étant au nombre de dix-huit cents, ils pillèrent toutes les maisons des boulangers, depuis le bas jusqu'en haut, jetèrent pâte et farine dans le ruisseau. La garde vint mais fut repoussée à coups de pierres ; elle eut la présence d'esprit de fermer les trois portes Saint-Antoine."* Paraphrasant Marie-Antoinette avant l'heure, un lieutenant de police déclare : *"Il n'y a qu'à donner des choux aux enfants de ceux qui n'ont pas de quoi avoir du pain."* Cela lui vaudra d'être révoqué. En

1739, le duc d'Orléans va jusqu'à poser sur la table du Conseil un infect pain de fougère en apostrophant Louis XV : *"Voilà, sire, de quel pain se nourrissent vos sujets."* Interrogeant sur le sujet Monsieur du Moustier de Meurville, évêque de Chartres présent à ce conseil, le roi s'entend répondre : *"Sire, la famine et la mortalité sont parmi vos sujets, les hommes mangent de l'herbe comme des moutons et meurent comme des mouches ; bientôt, il va y avoir la peste et la peste est pour tout le monde."*

Ce sont le plus souvent des accapareurs qui affament le plus grand nombre afin de faire monter les prix des stocks qu'ils détiennent. Pour lutter contre les effets de cette spéculation, le contrôleur des finances concède le monopole des transactions sur les grains à une compagnie privée. Mais le remède s'avère pire que le mal. L'entente règne entre les associés qui profitent de l'absence de concurrence pour dicter leur loi et accroître leurs bénéfices. Cette association fut affublée du nom bien clair de *pacte de famine*.

Aucune amélioration durable ne survient à la fin du règne de Louis XV ou sous celui de Louis XVI. De toutes les provinces, parviennent des rapports alarmistes, telles ces *Remontrances au Roi* du parlement de Dijon datées du 14 août 1770 : *"Votre parlement ne craint pas d'affirmer à Votre Majesté que la famine a été si pressante pendant près de deux mois avant les récoltes qu'une partie des habitants des villes et des villages de notre ressort ont été obligés de dérober aux animaux leur nourriture ordinaire ; plusieurs en ont été réduits à vivre d'herbes et de fruits sauvages."* Un autre témoignage décrit la situation en Bretagne : *"Il est des familles composées de huit, dix et douze personnes qui, souvent, n'ont pas entre tous, cinq livres de pain pour vivre pendant dix jours."*

En 1768 et 1769, c'est par milliers que les gens meurent de faim. Ceux qui se révoltent connaissent la prison ou la potence. C'est toujours le commerce du grain qui est la cible des mouvements populaires. Au printemps 1775, un soulèvement se propage comme une traînée de poudre. Le 20 avril, les Dijonnais prennent d'assaut la demeure d'un *monopoleur* de grains. C'est à un tas de charbon sous lequel il se cache pendant que sa maison est pillée qu'il doit la vie. Le commandant militaire de la région chez qui les manifestants se rendent ensuite leur lance : *"Mes amis, l'herbe commence à pousser, allez la paître."*

Après la Bourgogne, les incidents se multiplient aux environs immédiats de Paris : Saint-Denis, Saint-Germain-en-Laye et Pontoise où, dès le 1er mai, *"il y avait plusieurs milliers de personnes rassemblées des environs qui bordaient la rivière, arrêtaient des bateaux de blé et en pillaient le grain qu'elles emportaient dans des sacs de farine"*. Le 3 mai, Paris est gagné par la fièvre : les boulangeries des halles sont pillées puis, *"le soulèvement devient bientôt presque général dans l'intérieur de la ville et dans les faubourgs"*. Ce sont probablement les événements les plus graves provoqués par la cherté du pain que Paris ait jamais connus. Le maréchal de Biron qui dirige la répression y gagne le surnom de *Jean Farine*. Des gardes sont mis en faction dans toutes les boulangeries, deux responsables du commerce des grains sont jetés à la Bastille, des manifestants sont pendus pour l'exemple : à ce prix, le calme revient à Paris mais, chaque jour, parviennent de province les échos d'incidents semblables.

L'ampleur des émeutes est telle que l'on parle de *guerre des farines*. Quelques mois après, Turgot supprime les monopoles sur le commerce des grains et autorise leur libre circulation dans tout le royaume. Les corvées sont abolies et, le 5 février 1776, le libre exercice des métiers est reconnu. Ces décisions, qui contrarient nombre de privilégiés, obligent le roi à limoger son Premier ministre. Les corvées et les maîtrises sont rétablies. Le 11 août, les boulangers sont autorisés à utiliser le beurre, le lait et les œufs au même titre que les pâtissiers pour confectionner leurs pâtes.

Arthur Young, un citoyen anglais curieux de ce qui touche à la France, y entreprend des voyages en 1787, 1788 et 1789. Il consigne ses observations dans le journal qu'il tient au cours de ses déplacements dans le royaume. À peine débarqué pour son premier séjour, il remarque : *"La culture est certainement aussi médiocre que le pays est bon : un blé misérable, plein de mauvaises herbes et pourtant le terrain est resté tout l'été en jachère bien inutilement."* Au fil de ses étapes, il décrit un pays exsangue, prêt à exploser. Un mois avant le 14 juillet 1789, il note : *"Tout conspire à rendre critique, pour la France, la période actuelle. La disette est terrible. À chaque instant, il arrive des provinces des nouvelles d'émeutes et de troubles, et on doit recourir à la troupe pour maintenir l'ordre sur les marchés. Les prix du pain dépassent de beaucoup les moyens des pauvres et occasionnent une grande misère."*

La récolte de 1787 est abondante mais, comme de grandes quantités de grains sont exportées, il n'en reste rien pour faire face à la destruction de la récolte suivante. Necker a beau interdire à nouveau les exportations, subventionner les importations ou acheter d'importantes quantités de blé à un prix considérable, rien n'y fait : le blé manque dans le royaume et son prix s'envole. On entre dans une spirale infernale : voyant la farine augmenter, les boulangers augmentent le prix du pain. Aussitôt, les gros négociants soumettent leurs prix à une hausse similaire qui entraîne une nouvelle hausse du pain...

LA RÉVOLUTION

Les boulangers accusent les frères Leleu, propriétaires des moulins de Corbeil, de faire monter artificiellement les cours et d'écouler des produits altérés. Camille Desmoulins, malgré son patronyme, est l'avocat des boulangers dans un procès qui est intenté pour accaparement suivi d'exportation. Pour la foule impatiente qui se rassemble devant le domicile des deux frères, la cause est entendue : ils méritent la mort.

Mais nous ne sommes encore qu'en février 1789. Un des premiers soucis de l'Assemblée constituante est de créer, le 19 juin 1789, un *comité de subsistance* destiné à contrôler l'alimentation publique. Pour économiser le blé, le 4 juillet, Necker conseille la consommation du seigle qui est dorénavant servi à la table royale.

Le 13 juillet, le tocsin sonne et les Parisiens se regroupent devant l'Hôtel de Ville. Les manifestants réclament des armes. Les piques des révolutionnaires sont forgées dans les fours des boulangers. Des rumeurs font croire que la Bastille est transformée en gigantesque grenier à blé. Une fois prise, il faudra bien se rendre à l'évidence : on n'y trouve pas plus de blé que de pain. Le pouvoir a beau baisser le prix du pain, rien ne calme la faim de ceux qui ne peuvent s'en procurer. Accusé d'entretenir la pénurie, le lieutenant de police de Saint-Denis est tué par la foule le 2 août.

La récolte de 1789 est abondante mais la France subit une des plus grandes sécheresses de son histoire. Les fleuves asséchés empêchent les moulins de tourner et les bateaux de circuler pour acheminer grains ou farine. La situation ne cesse d'empirer. Lorsque les convois de farine ne sont pas pillés sur le chemin de la capitale, ils sont guettés dans les faubourgs par des boulangers qui s'appro-prient leur contenu. Le 31 août, une émeute se produit à la halle aux grains à la suite d'une distribution inégale entre boulangers.

Ne pouvant fournir qu'une quanti-té limitée de pain à leurs clients, les bou-langers sont obligés de faire appel à des gardes pour protéger leurs commerces. La garde de la halle est portée à six cents hommes pour éviter que ne s'y produisent de nouveaux affrontements. La pénurie est telle que les personnes invitées à dîner sont priées d'apporter leur pain. Fin septembre, l'enthousiasme déclenché par l'arrivée à Paris de cinq cents sacs de fari-ne en provenance de Chartres amène la municipalité reconnaissante à offrir deux spectacles de théâtre à l'escorte du pré-cieux chargement. Une prime est allouée aux boulangers pour chaque sac de farine qu'ils parviennent à faire entrer dans la capitale. L'Assemblée débloque une forte somme pour permettre aux boulangers les plus démunis d'acheter de la farine. Mais malgré toutes les mesures prises, Paris manque de farine et de pain. Le bateau acheminant la farine des moulins de Cor-beil espace ses livraisons. Il arrive que rien ne soit déchargé pendant plus de trente-six heures alors qu'auparavant les livraisons étaient biquotidiennes.

Les Parisiens pensent que le pain ne manque pas à la Cour et, le 5 octobre, un cortège composé en majorité de femmes s'ébranle vers Versailles sous une pluie battante. L'Assemblée est envahie. Les aristocrates et le clergé sont accusés d'entretenir la disette. L'intervention de Mirabeau calme la foule pour un court moment. Mais, très vite, des cris fusent à l'adresse d'une Assemblée occupée à dis-courir de législation criminelle : *"Chassez les prêtres"*, *"Faites taire ce bavard ! Il ne s'agit pas de cela, il s'agit d'avoir du pain"*, *"Du pain, pas tant de longs discours"*. Croyant tenir la solution, les manifestants

décident de ramener la famille royale à Paris. Le canon annonce le départ d'un cortège de plus de trente mille personnes. Aux dires d'un témoin, *"on eût cru voir une forêt ambulante, au travers de laquelle brillaient des fers de pique et des canons de fusils"*. Les gardes nationaux marchent en tête avec un pain au bout de leur baïon-nette. Viennent à la suite des chariots de blé et de farine fournis par les boulangers de Versailles. Des femmes couvertes de cocardes tricolores et tenant des branches d'arbres ornées de rubans composent, avec les forts des halles armés de piques ou de bâtons, l'escorte de ce chargement. Des gardes du corps sans armes, le régi-ment de Flandres et les gardes suisses précèdent le carrosse de la famille royale au côté duquel chevauche La Fayette. Une centaine de députés dans des car-rosses sont suivis par le gros des manifes-tants et de la garde nationale qui ferment la marche. Avançant lentement sous la pluie et dans la boue, le cortège inter-rompt sa marche pour tirer des salves de fusils ou de mousquetons en signe de joie. La foule s'époumone à crier : *"Nous rame-nons le boulanger, la boulangère et le petit mitron."* La seule présence du roi à Paris n'a bien sûr aucun effet sur l'approvision-nement en farine de la capitale.

Le manque cruel de pain rend la foule aveugle. Le 21 octobre, Denis Fran-çois, boulanger installé dans l'île de la Cité, déclare n'avoir plus rien à vendre à une cliente. Celle-ci rentre dans sa bou-tique et découvre les trois pains réservés à sa consommation et à celle de son person-nel. Voulant voir en lui un *accapareur*, elle ameute la foule qui bientôt le traîne à l'Hôtel de Ville. La police, qui le recon-naît innocent, ne parvient pas à le sous-traire à ses accusateurs armés de piques qui l'enlèvent pour le pendre à une lan-terne de la rue de Rivoli. Son cadavre est traîné dans la rue et sa tête, coiffée du bonnet blanc des boulangers, est prome-née au bout d'une pique. Cette victime innocente qui prêtait de la farine à des confrères allait jusqu'à louer le four d'un pâtissier pour faire sécher le bois de ses dix fournées quotidiennes sans interrompre son travail. Les autorités font apposer des affiches ayant pour titre *Relation de l'assassinat commis en la personne du sieur François, boulanger.* Deux manifestants reconnus coupables de sa mort sont condamnés et pendus dès le lendemain. La ville vote une pension à sa veuve. Le roi et la reine lui remettent une importante somme d'argent et promettent d'être les parrains de l'enfant qu'elle attend.

Des gardes plus nombreux sont affectés à la surveillance des boulangeries où certains en arrivent à voler dans les fours des pains en cours de cuisson, voire de la pâte crue. D'autres emportent plus de pain que nécessaire à leur consommation. Les Assemblées ont beau délibérer et faire paraître de nouvelles lois, le pain manque toujours. L'Assemblée constituante supprime les corporations et proclame le libre droit d'exercice de tout commerce ou industrie sur le territoire national. Mais, une fois de plus, la boulangerie est soumise à un traitement particulier : bien que le blé ou la farine puissent voir leurs prix fixés librement de gré à gré, le pouvoir se réserve la faculté d'établir autoritairement celui du pain. Le manque de pain devient chronique. À Corbeil, le *grenier de Paris*, des émeutiers s'en prennent aux réserves en raison des prix pratiqués dans leur cité.

Le besoin de pain est tel que les boulangers sont exemptés du service militaire le 14 mars 1792. Les garçons boulangers résidant à Paris bénéficient de la même mesure en mai 1795 (1er et 19 floréal de l'An III). La municipalité parisienne achète en province des blés qui sont revendus à perte sur les marchés de la capitale. Les armées font de très gros achats qui achèvent de désorganiser totalement le marché. Les interventions de la municipalité ont pour conséquence de privilégier Paris où le prix du pain est deux à trois fois inférieur à la province. Certains profitent de l'aubaine et achètent dans Paris du pain qui est revendu le double de son prix en banlieue.

Les paysans qui se révoltent contre cet état de choses empêchent les convois de circuler et arrêtent les moulins. Les files s'allongent à la porte des boulangeries où l'attente se mesure en heures. Le 26 juillet 1793, la Convention, présidée par Danton, promulgue une loi punissant de la peine de mort les accapareurs de denrées de première nécessité. Le 9 août, le Conseil général interdit de faire la queue avant 4 heures du matin devant les boulangeries. Celles-ci ouvrant légalement à six heures sont parfois dévalisées avant cette heure. Les clients passent la nuit sur le seuil, entonnent des chansons pour se donner du courage et troublent le sommeil des riverains. Le 11 septembre, un décret stipule que : *"La force armée continuera de faire des patrouilles pour dissiper tous rassemblements qui se formeraient aux portes des boulangers et empêcher que des gens payés n'enlèvent les premières fournées, au détriment des citoyens de Paris."*

Des cartes de rationnement font leur apparition. Les autorités livrent aux boulangers la stricte quantité de farine nécessaire à leur clientèle dûment enregistrée. On décréta également la manière de faire la queue à la porte des boulangeries : *"Une corde était attachée à la porte des boulangers, chacun la tenait par la main de manière à ne pas perdre rang et à éviter la confusion. Cependant, de méchantes femmes coupaient souvent la corde, un tumulte épouvantable s'ensuivait, et il fallait la force armée pour rétablir l'ordre."* Le 15 novembre 1793 (23 brumaire de l'An II), la Convention décrète : *"La richesse et la pauvreté devant également disparaître du régime de l'égalité, il ne sera plus composé un pain de fleur de farine pour le riche et un pain de son*

pour le pauvre. *Tous les boulangers sont tenus, sous peine d'incarcération, de faire une seule et bonne espèce de pain, le pain de l'égalité.*" Malheureusement, un décret n'est pas en mesure de régenter le climat ou de faire pousser le blé.

Le 15 mars 1795 (25 ventôse de l'An III), une affiche dénonce l'augmentation d'un tiers de la consommation de farine dans la capitale. Il y a certes des trafics et nombreux sont ceux qui exagèrent leurs besoins, de peur de manquer. Mais il y a également du gaspillage en raison même du faible prix de ce pain subventionné que certains n'hésitent pas à donner à leurs animaux domestiques. Un décret limite la ration quotidienne à une livre, portée à une livre et demie pour les travailleurs manuels. Quinze jours plus tard, dans une adresse à la Convention, la section des droits de l'homme "*se plaint de ce que l'on est obligé de passer la nuit à la porte des boulangers ; encore souvent n'a-t-on pas sa livre de pain*". La réponse du président ne se fait pas attendre : "*Pour diminuer la fatigue des citoyens, on va faire porter au domicile de chacun, le contingent de pain qui lui reviendra.*"

À deux reprises, l'Assemblée est envahie par une foule armée de fusils, de piques et de sabres se plaignant de la mauvaise répartition du pain dans la capitale. Les bonnets des manifestants portent le slogan repris dans tous les faubourgs : "*Du pain et la Constitution de 93*". En peu de temps, la tête de l'un des responsables de l'approvisionnement se retrouve au bout d'une pique. Il est décidé de réserver le pain subventionné aux seules classes défavorisées.

De retour de la deuxième campagne d'Italie, Bonaparte réprime un mouvement de colère des Parisiens. Les boulangers ayant cessé leur activité de peur du mouvement, des boutiques sont pillées et cinq boulangers font les frais de

la fureur populaire. À une boulangère bien en chair qui lance sur le pas de sa porte : "*Citoyens, si le pain manque, c'est la faute à toute cette galonnaille dorée, à ces généraux politiciens qui s'engraissent de la sueur du pauvre monde*", le héros d'Arcole répond : "*Hé ! La mère, si la sueur du pauvre monde engraisse tant que cela, lequel de toi ou de moi s'est engraissé ?*".

Maxime du Camp décrit ainsi la dure condition des boulangers de cette époque : "*En butte à toutes les calomnies, à toutes les dénonciations ; harassés de travail et mal rétribués, voyant dès le matin leurs boutiques assaillies par ces longues files de gens, que dès lors on appela des queues ; sans cesse malmenés par les officiers municipaux qui leur imputaient les mauvais résultats de l'administration de la commune ; guillotinés par le Gouvernement s'ils achetaient trop de farine, pendus par le peuple s'ils ne vendaient pas assez de pain, leur sort était digne de pitié, et l'on comprend qu'ils aient parfois regimbé contre les dures obligations qu'on leur imposait.*" À la fin du Directoire, d'abondantes récoltes assurent un meilleur approvisionnement qui permet de rétablir la liberté du commerce du blé, de la farine et du pain.

LE CONSULAT ET L'EMPIRE

Sous le consulat, la liberté d'établissement a des effets pervers. De six cents en 1789, le nombre des boulangeries passe à plus de deux mille en 1799. Mais, dès qu'une mauvaise récolte survient, on ne compte pas celles qui ferment leurs portes en attendant des jours meilleurs. Le 11 octobre 1801 (19 vendémiaire An X), les consuls fixent de nouvelles règles pour l'ouverture d'un tel commerce. Les boulangers sont dorénavant tenus de déposer une sorte de caution de quinze sacs de farine et ne peuvent interrompre leur travail à leur convenance. L'autorisation du préfet est nécessaire pour réduire le nombre de fournées quotidiennes ou pour construire un four ou une boulangerie. La profession est dotée d'un syndicat. Pratiquement désigné par les autorités à l'origine, il sera l'émanation de la profession dès l'année suivante.

De telles dispositions éliminent tous les boulangers occasionnels qui désorganisent la profession. Paris compte désormais six cent quarante et une boulangeries. La majorité d'entre elles sont installées dans les quartiers périphériques ou les faubourgs. Par exemple, on n'en trouve pas moins de cent vingt dans la seule rue de Picpus. Aussi, la première tâche du syndicat est-elle de répartir les commerces dans les différents quartiers de la capitale en fonction des besoins des habitants. Jusque là, c'est le pain *de luxe* qui voit son prix imposé par l'autorité, celui du pain ordinaire étant libre. C'est désormais le contraire. La vente de pain sur les marchés de la ville est elle aussi soumise à de nouvelles dispositions plus restrictives afin d'éliminer toute concurrence déloyale. Un bureau de placement est créé en 1803 pour tous les ouvriers boulangers désireux de postuler pour un emploi dans Paris. Chaque *garçon* boulanger est doté d'un livret qui le suit tout au long de sa carrière. À Bordeaux, Marseille et Lyon, la boulangerie est progressivement organisée sur le modèle de la capitale.

Devenu empereur, le général Bonaparte est obsédé par l'approvisionnement du pays. C'est lui-même qui déclare : *"L'âme et la base de mon Empire, c'est l'agriculture."* Il fait imprimer spécialement une carte de France sur laquelle les cours du blé sont notés de sa main. Il fait subventionner les boulangers dans les régions où les cours sont trop élevés. La première pierre d'un *grenier de réserve* est posée le 26 décembre 1807 dans le quartier de l'Arsenal. Après dix ans de travaux, un des deux étages de ce bâtiment de 350 mètres de long est réservé au stockage du blé et de la farine.

Les armées napoléoniennes en campagne dix ans durant sont suivies par des boulangers qui, au prix de prodiges quotidiens, parviennent à nourrir les troupes. La faim qui est en grande partie responsable de la retraite de Russie donne raison à Napoléon qui affirme : *"Une armée marche sur son estomac"*.

La mobilisation d'un million d'hommes dépeuple les campagnes et les prive de bras. Les disettes font leur réapparition. La plus longue dure de novembre 1811 à janvier 1813. Le pain est vendu si cher que certaines villes comme Beauvais en ont gravé le prix sur leurs monuments publics. À son ministre de l'Intérieur qui tente de minimiser la situation, l'Empereur répond : *"La situation est mauvaise. J'ai vu des émeutes qui n'auraient pas lieu si le peuple avait de quoi manger. Ce que je veux, Monsieur, c'est que le peuple ait du pain, du bon et du bon marché."* C'est à Parmentier que le peuple doit de ne pas mourir de faim. Premier pharmacien des armées à partir de 1800, il est nommé inspecteur général du service de santé dès que Napoléon devient empereur. Jusqu'à sa mort en 1813, il développe la consommation de la pomme de terre dans tout le pays. Après la défaite de Waterloo, l'invasion du territoire national fait perdre à la population le bénéfice des récoltes abondantes de 1813 et 1814.

LA RESTAURATION

Aussitôt après son accession au trône de France, Louis XVIII réorganise la boulangerie. Les boulangers sont désormais soumis à la patente. Une *caisse de la boulangerie* est créée. Elle reçoit une importante dotation du Trésor et est alimentée par une taxe sur le pain dans les périodes fastes. Quand les cours du blé sont élevés, elle se charge de l'approvisionnement des boulangers ou leur alloue des compensations financières pour maintenir le prix de vente du pain. L'accumulation des litiges avec les boulangers sur le montant des compensations amènera sa disparition en 1829. L'irruption du machinisme entraîne de nombreux licenciements. Les ouvriers et les chômeurs réclament *"du travail et du pain"*. Le pain est encore la cause des manifestations de juillet 1830 qui amènent Louis-Philippe au pouvoir. La production de blé double presque sous son règne. En 1840, il est décidé de vendre le pain au poids réellement constaté. L'autorité fixe désormais le prix de vente au kilogramme.

Les difficultés du métier incitent certains boulangers à fabriquer et à vendre de la pâtisserie. Les pâtissiers entreprennent une démarche auprès du syndicat de la boulangerie qui conseille à ses adhérents de se limiter à la seule confection du pain. Par contre, le préfet de police leur reconnaît le droit de faire des gâteaux puisque cette profession est ouverte à tous sans restriction. Les pâtissiers qui tentent d'imposer la réciproque sont poursuivis et condamnés en octobre 1842. Malgré tous les reproches que les boulangers font à la taxation du prix du pain, leur syndicat pousse des hauts cris lorsqu'il est question que le pouvoir laisse s'installer la libre concurrence. Le syndicat adresse une protestation au Préfet de police : *"Supprimez la taxe et la position des boulangers dans une ville comme Paris devient fausse et dangereuse. Celui qui vendra le pain plus cher deviendra immédiatement l'objet de l'animadversion et de la colère du peuple ; pour éviter cet écueil, les boulangers essaieront-ils de s'entendre afin d'adopter un prix uniforme ? Le peuple verra dans cette uniformité de prix la preuve d'une coalition coupable dirigée contre sa vie. De là au pillage et au meurtre des boulangers il n'y a qu'un pas, le passé est là qui le prouve, puisse l'avenir ne pas le prouver encore !"*

La récolte de 1846 est catastrophique et l'année suivante émeutes et pillages refont leur apparition. Dans la région d'Issoudun, un convoi de blé est mené de force sur le marché pour que son chargement y soit vendu en dessous du cours de ce 13 janvier 1847. Le lendemain, les moulins sont pillés et leurs propriétaires sommés de signer un engagement de vente à bas prix. L'un deux refusant de se soumettre à une telle obligation est assassiné et presque dépecé par la foule. Sur les vingt-six personnes arrêtées à la suite des événements, trois sont condamnées à mort, les autres se voient infliger des peines allant de 5 ans d'emprisonnement aux travaux forcés à perpétuité. Malgré toutes les subventions, le pain qui ne cesse d'augmenter est la cause d'une troisième révolution en moins de soixante ans.

LA DEUXIÈME RÉPUBLIQUE

Le 22 février 1848, les barricades se dressent dans Paris à la suite d'une manifestation. On relève cinquante-deux morts. La deuxième République est proclamée. Le 25 février, au lendemain de sa prise de fonction, le nouveau gouvernement prend l'arrêté suivant : *"Ordonnons aux boulangers, s'ils manquent du bois nécessaire pour la cuisson du pain, de se pourvoir auprès du premier marchand de bois à leur portée, et ordonnons, au nom de la République française, à tous les citoyens d'y prêter main forte au besoin."*

Les ouvriers boulangers présentent des doléances au nouveau pouvoir qui, de crainte de voir se déclencher une grève, supprime les bureaux de placement et accorde des augmentations de salaire tout en codifiant avec précision l'organisation du travail dans les fournils. D'abord inappliquées, ces mesures sont rapportées à la demande des patrons qui se plaignent des nombreuses charges qui pèsent déjà sur leurs commerces. Certains ouvriers boulangers veulent échapper à leur condition et décident d'ouvrir une boutique sans demander l'autorisation préalable. Ils sont systématiquement condamnés par les tribunaux qui ordonnent la fermeture de leurs établissements.

LE SECOND EMPIRE

Très vite, le second Empire s'empresse de remodeler la boulangerie. Une *Caisse de service de la boulangerie* est créée. Alimentée par une contribution obligatoire des boulangers, elle leur distribue des compensations quand leurs charges dépassent les prix de vente imposés. Un décret impérial fixe avec précision le nombre de boulangers autorisés à exercer. Il partage les différents commerces en cinq catégories selon la quantité de farine cuite par jour. Chaque boulanger est tenu de constituer un stock de trois mois de consommation de farine en fonction de ce classement. Chaque commerce doit inscrire sur un registre les quantités de pain produites au jour le jour.

Pour éviter la faillite, la majorité des boulangers passent des *marchés à cuisson* avec les meuniers. Ils perçoivent une prime de cuisson pour chaque sac de farine acheté. Le boulanger voit son revenu garanti par le meunier qui lui livre des farines de moins bonne qualité. Seul le consommateur est lésé puisque le pain obtenu est moins bon. Les boulangers dépendent des meuniers, les marchés à cuisson représentent les trois quarts des farines livrées. Un décret impérial du 16 novembre 1858 étend à 165 villes de France la réglementation parisienne. L'Empereur reçoit en audience aux Tuileries les boulangers venus lui présenter les doléances d'une profession accablée.

Une nouvelle disette a lieu de 1853 à 1856. À cette occasion, les boulangers décident de supprimer l'usage d'offrir à leurs clients une galette le jour de l'Épiphanie et de le remplacer par un don de 200 tonnes de pain à l'Assistance publique. Napoléon III fait mener des essais de panification pour un *pain réglementaire* issu d'une farine blutée à 75 %. Bien que vendu à un prix inférieur à celui du pain ordinaire, ce pain ne rencontre pas le succès espéré par son initiateur. Avec la fin du second Empire, les boulangers connaissent une période de répit qui leur permet de faire prospérer leurs entreprises. Les boulangeries, garnies de barreaux de fer qui les font ressembler à de véritables forteresses, se métamorphosent en boutiques avenantes agencées selon la mode du temps. La guerre de 1870 va sonner le retour des heures sombres pour la boulangerie.

Dès le début des hostilités, les boulangers parisiens mobilisés dans leurs fournils livrent 400 000 rations quotidiennes de pain aux combattants. Surviennent la défaite de Sedan et le siège de Paris. Le pain commence de nouveau à manquer. Dès janvier 1871, la farine de blé est remplacée par du riz et de l'avoine. Un journal de l'époque rapporte : *"Le pain que nous essayons de manger maintenant, sans toujours y parvenir, contient du son, de la terre, énormément de paille hachée, mais pas la moindre parcelle de farine de blé. Trop heureux si nous arrivons de temps à autre à y découvrir de légères traces de farine de seigle et d'avoine."* Edmond de Goncourt va plus loin en écrivant : *"Le pain actuel est d'une qualité telle que la dernière survivante de mes poules, une petite poule cailletée, lorsqu'on lui en donne, gémit, rognonne et ne se décide à manger que tout à fait le soir."* Le pain est rationné : 150 grammes pour les enfants et 300 grammes les adultes. Les restaurants qui n'ont pas fermé ornent leur vitres de cet avis : *"Les personnes qui veulent prendre ici leur repas sont priées d'apporter leur pain"*. Peu après la proclamation de la Commune de Paris, les ouvriers boulangers obtiennent la suppression du travail de nuit *"afin de rendre les travailleurs à la vie sociale"*. La Commune est noyée dans le sang le 28 mai et le travail de nuit est rétabli. Près d'un an plus tard, les ouvriers boulangers adressent un appel au patronat, aux pouvoirs publics et à la population : *"Vous vivez le jour, c'est ainsi que la nature le veut. Nous autres, nous sommes ouvriers boulangers, et malgré les lois de la nature, nous vivons la nuit, de par la loi de nos patrons"*. Mais cet appel restera lettre morte.

LA TROISIÈME RÉPUBLIQUE

La troisième République ouvre une période d'essor économique et de prospérité qui va faire de la France un pays moderne au seuil du XXᵉ siècle. La *Belle Époque* est celle des expositions universelles, vitrines de toutes les nouveautés de l'industrie ouvertes sur le monde extérieur. Les chemins de fer et la navigation à vapeur permettent l'acheminement de récoltes abondantes vers les concentrations industrielles. Le machinisme s'introduit dans toutes les activités humaines.

Le retour de la taxation du pain décidé le 25 janvier 1893 par le maire de Marseille déclenche une grève de boulangers qui commence le 1ᵉʳ février. La réaction de la population ne se fait pas attendre : trente boulangeries de la ville sont pillées. Les mêmes incidents se renouvellent six mois plus tard après qu'une grève des ouvriers boulangers, inquiets de voir leur salaires amputés, ait obligé les boulangeries à cesser leur activité.

LA GRANDE GUERRE

Le 4 août 1914, la mobilisation générale interrompt brusquement une période pleine de promesses. Les boulangers bénéficient d'un sursis d'un mois et demi pour permettre à la profession de s'organiser. Mais, malgré ce délai, un nombre considérable de boulangeries sont obligées de fermer. Pour le seul département de la Seine, ce sont cent vingt à cent quarante boulangeries qui sont, très vite, obligées d'interrompre leur activité. La paysannerie fournit le gros des bataillons

qui vont rejoindre les tranchées pour y laisser leur vie. Tous les moyens de transports sont réquisitionnés. Plus d'hommes dans les champs, plus de bêtes de trait, plus d'engrais : l'agriculture renoue avec le marasme. Les céréales manquent, la production de pain devient problématique.

Le conflit prend souvent le tour d'une guerre du pain. Le journal *l'Illustration* fait paraître un article intitulé *"Les mauvais laboureurs"* le 12 juin 1915. L'auteur y dénonce une pratique de l'armée allemande qui laboure les champs où montent les blés pour empêcher de mûrir les épis à venir : *"Pittoresque et saisissante image de la perversité teutonne, symbole de leur manière universelle ; ils empruntent, pour saccager, les gestes créateurs. C'est avec l'outil rustique et honnête du travail qu'ils mutilent la terre en pleine gestation. Ils trouvent le moyen, par le nouvel emploi auquel ils les condamnent, de déshonorer le soc et de profaner la charrue. Ce fer primitif des jours heureux, innocent et pur, qui ne pénétrait dans la glèbe que pour y préparer la place tiède et le lit des grains, ils s'en servent, eux, pour pratiquer l'avortement des entrailles maternelles."*

Dès le 7 août 1914, le préfet de police de Paris décide d'autoriser le seul *pain français boulot et fendu de deux kilogrammes*. Une loi du 25 avril 1916 institue le *pain national*. Contenant de moins en moins de farine de blé, il perd progressivement sa couleur blanche. Par mesure d'économie, la pâtisserie devient hors la loi le 20 décembre 1917. Le rationnement s'installe et les tickets de pain font leur apparition à Paris le 29 janvier 1918. Une *division des moulins* est créée. À sa tête est placé un certain Roger. Fabricant de robinets dans le civil, c'est à lui qu'incombe la gestion de l'approvisionnement des moulins en céréales. Tout le monde dénonce la mauvaise qualité du pain. Les boulangers le reconnaissent : *"Le pain actuel ne développe pas, c'est-à-dire qu'à volume égal, il pèse beaucoup plus lourd que le pain ordinaire. C'est à cause de cette compacité qu'il ne cuit pas."* Mais le pain n'est pas seulement détestable : les succédanés qu'il contient provoquent des maladies. Pour compenser leur manque à gagner, les boulangeries se transforment en caverne d'Ali Baba et vendent tout ce qui peut se trouver : farines de riz, de châtaigne, de manioc, pâtes, fruits, pommes de terre à l'huile, pâté, viande, sardines à l'huile, thon, saumon, harengs…

Sans le soutien des alliés américains, notre pays aurait eu à supporter des privations encore plus grandes. La *Société commerciale des céréales* ayant l'américain Herbert Clark Hoover à sa tête a grandement contribué à la victoire des armées alliées. Le clairon annonçant l'armistice retentit le 11 novembre 1918 dans les tranchées. Mais il faut attendre l'autorisation des croissants, du pain blanc et du pain de luxe, le 27 mars 1919 pour que la situation s'améliore réellement sur le front du pain. Elle ne redevient normale qu'avec la suppression des tickets de rationnement au mois de mai.

L'ENTRE-DEUX-GUERRES

Au lendemain de la première confrontation mondiale, chacun veut oublier. Durant les *Années folles*, les populations veulent s'étourdir. L'essor économique est à la mesure de l'ampleur des dégâts causés par la guerre. Le 27 mai 1922, le prix du pain est à nouveau taxé. Le 3 décembre, une quinzaine de boulangeries sont saccagées par les Parisiens à la suite d'une grève aussi massive que courte puisque, au bout d'une journée, les deux mille neuf cents grévistes, sur un total de trois mille boulangers, décident la reprise du travail. Confrontés à la réduction de leurs marges, les artisans boulangers doivent en plus se défendre contre la concurrence de boulangeries industrielles qui se développent.

Dans chaque ville de France, la fixation du prix du pain donne lieu à des empoignades au cours des conseils municipaux où la question est abordée. Parfois, il se trouve un maire pour défendre la dure condition faite aux boulangers. Ainsi, Édouard Herriot prend-il leur défense au cours d'un conseil municipal qui se tient à Lyon le 3 septembre 1923 : *"Il est déplorable que les maires et les boulangers soient rendus seuls responsables du coût du pain, alors qu'ils ne font qu'enregistrer les cours… Le cours des farines ne baisse pas comme il devrait baisser ; mais ni les boulangers ni moi n'y pouvons rien… La tentation de ne pas signer les arrêtés de taxation du pain m'est souvent venue… De tous les commerçants, le plus modéré, c'est le boulanger. Si les marchands de chaussures, si les autres commerçants voulaient se contenter des bénéfices des boulangers, la vie ne serait pas aussi chère."*

La surface des terres à blé de métropole a beau diminuer, l'augmentation des rendements est telle que la production globale ne cesse de croître. Les moissons abondantes d'Afrique du Nord viennent grossir des stocks qui deviennent pléthoriques. La récolte exceptionnelle de 1928 fait connaître à notre pays un mal dont nos ancêtres n'auraient pas même imaginé l'existence : la surproduction. Les cours s'effondrent alors que le monde agricole doit payer les machines et les produits sans lesquels les rendements ne seraient pas atteints. L'État commence à acheter les surplus pour soutenir les cours mais les exportations sont presque divisées par deux entre 1929 et 1936.

C'est dans ce contexte que se produit le krach boursier de Wall Street en octobre 1929. Des hommes d'affaires immensément riches la veille se retrouvent totalement ruinés. Le chômage, parfois partiel dans un premier temps, devient total. La crise économique s'installe. Les longues files de chômeurs se transforment en cortèges qui revendi-

quent pain et dignité comme dans le *Chant des chômeurs* :
"ils nous ont chassés des usines,
Des bureaux, des magasins
Et quand nos ventres crient famine
Ou qu'la colère crispe nos poings,
C'est avec des gourdins
Qu'les bourgeois calment notre faim.
Allons les gars, qu'on en termine
Avec les bobards patelins !
C'est tout d'suite et non pas demain
Qu'il nous faut du travail et du pain."

Le Front populaire accède au pouvoir. Léon Blum signe les accords Matignon le 8 juin. Le 11 juin, les congés payés sont votés, le lendemain c'est la semaine de quarante heures. Le 18 juin, un texte de loi sur le blé est présenté par le ministre de l'Agriculture devant l'Assemblée nationale qui délibère 26 heures durant avant de l'adopter. L'opposition du Sénat impose sept navettes entre les deux assemblées avant une adoption définitive le 14 août. Le 15 août, une loi crée l'*Office interprofessionnel des céréales*. Pour la première fois, un organisme interprofessionnel a les moyens de peser sur les marchés grâce au monopole sur l'importation et l'exportation des blés, farines et céréales panifiables. Mais le répit ne sera que de courte durée.

LA DEUXIEME GUERRE MONDIALE

Avec le goût de la défaite, la France perd celui du pain. Les hordes nazies qui s'abattent sur le pays vont se livrer à un pillage systématique de ses ressources agricoles. Le régime hitlérien compte la faim au nombre de ses armes. L'occupant impose des rations telles à certaines populations que la seule issue est une mort programmée.

Le pays va manquer de tout. Les Invalides et le jardin du Luxembourg sont gardés jour et nuit pour éviter que ne soient dérobés les pieds de pommes de terre qu'on y a plantés. Entre ceux qui fuient l'armée allemande, les prisonniers de guerre au nombre de 1 600 000 et les déportés, ce sont les forces vives de la nation qui disparaissent. Leur absence désorganise totalement l'économie du pays.

Les cartes de rationnement retrouvent leur usage le 1er octobre 1940. De 350 grammes par jour, la ration tombera à 275 grammes en 1942. Aux farines de fève, de seigle, d'orge ou de maïs, on ajoute des brisures de riz pour faire un pain noir immangeable. Le retour de la barbarie dans l'Europe du vingtième siècle nous permet de reconsidérer à sa juste mesure le bonheur de vivre dans un pays qu'a déserté le spectre de la faim.

La guerre terminée, il faut relever tout un continent en ruines. Le rationnement ne disparaît pas. On abaisse même la ration de pain à 200 grammes en 1946. Le plan Marshall permet, à partir de 1947, une relance effective de l'économie française. Les restrictions disparaissent peu à peu mais la vente du pain ne redeviendra vraiment libre qu'en 1954.

LES ORIGINES
DE LA BAGUETTE

C'est sous Louis XIV que l'on peut situer la genèse de ce symbole de l'excellence de la boulangerie française. Sous le règne du Roi-Soleil, tant la boulangerie que la meunerie françaises connaissent de nombreuses transformations. Parmi celles-ci, la généralisation de la commercialisation de farines blutées par les meuniers. Auparavant, les boulangers procédaient eux-mêmes au tamisage des farines qu'ils achetaient. Depuis le Moyen Âge, ils tiraient d'ailleurs leur nom de *talemelier* ou *tamisier* de cette fonction. Un autre progrès fut la *mouture à reprise* qui permet à la meunerie d'accroître le rendement des blés en farine. Jusqu'alors, en jouant sur le réglage des meules, le meunier fournit deux types de farines. Pour la *fleur de farine*, réservée aux classes aisées, l'espacement des meules ne permet d'extraire que 35 à 40 % du blé utilisé. Une ordonnance de 1658 accrédite la croyance que les sons gras produits par cette méthode sont nocifs pour l'organisme et *"indignes de rentrer dans le corps humain"*. Elle en interdit donc l'usage pour l'alimentation humaine. Les boulangers en nourrissent des cochons qu'ils élèvent. Les classes défavorisées doivent se contenter du produit d'une mouture qui, par un moindre écartement des meules, permet de doubler la quantité de farine obtenue.

Lors de la grande famine de 1709, un meunier de Senlis pétri de bon sens trouve intolérable qu'une grande partie du grain soit irrémédiablement perdue. Utilisant un procédé familial, ce bon Monsieur Pigeaut tire le maximum de farine des blés qui lui sont confiés. Outre l'inestimable attrait quantitatif, Parmentier signale que la farine obtenue offre de meilleures performances boulangères. De plus, la partie centrale du blé produit une farine moins riche que la zone périphérique du grain. Ce n'est qu'en 1740 que cette pratique est autorisée. Dans le même temps, les moulins s'équipent d'un appareillage permettant de nettoyer le blé et de le tamiser. Vers 1765, la *mouture à reprise* est adoptée par les moulins de Corbeil.

Une autre révolution est la réintroduction quelque peu tumultueuse de la levure de bière dans les fournils français après de nombreux siècles de purgatoire. Le levain auquel on reproche sa trop forte acidité est progressivement remplacé par la levure de bière qui permet de confectionner des pains plus légers, à la mie moins ferme et moins compacte. La croûte savoureuse devient un morceau de choix que les hommes galants réservent aux dames. Petit à petit, les pains longs aux bouts amincis vont supplanter les boules.

LE PAIN ET LES SAVANTS

Les conséquences de ce changement sur les habitudes de consommation seront considérables. Les boules au levain se conservaient plus longtemps que les pains allongés. Les citadins délaissent peu à peu l'usage de faire le pain à la maison même s'il est porté à cuire chez le *fournier*. Les visites chez le boulanger se rapprochent pour bientôt devenir quotidiennes. Le *pain-gourmandise* est en train de naître. Le pain noir est progressivement délaissé pour le pain de froment. Un grand pain long de 2 kilos orné de grignes gagne les faveurs du public. Un témoin connu de tous rapporte que son usage est très grand à Paris : il n'est autre qu'Antoine Augustin Parmentier. Sous l'impulsion des encyclopédistes, les savants s'intéressent à la boulangerie. Ils confrontent le travail empirique des boulangers à leurs connaissances.

Parmi tous ces hommes de science, une place toute particulière doit être réservée à Paul-Jacques Malouin, né à Caen en 1670. Ce fils de notable, destiné à succéder à son père dans la charge de Conseiller au Présidial, entreprend des études de droit dont il se détourne pour se consacrer à la médecine. Ayant obtenu le titre de docteur, sa réputation lui vaut d'être nommé médecin ordinaire de la Reine. Il limite volontairement sa clientèle pour s'adonner à la recherche. Titulaire de la chaire de médecine du Collège de France, il enseigne également la chimie au *Jardin du Roi* (l'actuel Jardin des Plantes) à partir de 1745. Membre de l'Académie des sciences et de plusieurs sociétés savantes étrangères, il publie de nombreux ouvrages dans des domaines aussi différents que les épidémies, le climat ou l'économie.

En 1767, sous l'égide de l'Académie des sciences, il est amené à rédiger le *traité des Arts du Meunier, du boulanger et du vermicelier* dans le cadre de la collection *Arts et Métiers*. Premier ouvrage français consacré au sujet, il fait un large tour d'horizon des techniques mises en œuvre en meunerie et en boulangerie. Son érudition lui permet d'expliquer nombre de phénomènes. La présentation est proche de celle de l'Encyclopédie de Diderot et d'Alembert à laquelle Malouin avait d'ailleurs collaboré. La typographie et les illustrations particulièrement soignées en font un objet digne de figurer dans les bibliothèques de riches lettrés. L'intention de l'auteur n'était pas de rédiger un manuel destiné aux professionnels qu'il qualifie d'*artistes*. Il indique lui-même qu'ils ne pourront comprendre certains des points qu'il va traiter comme l'anatomie du grain, l'analyse chimique de la farine et les mécanismes de la fermentation du levain et de la pâte, "*et que d'ailleurs il ne leur est pas nécessaire de savoir : il leur suffit d'en connaître la pratique raisonnée et le résultat*". Mais il rend un hommage appuyé aux boulangers lorsqu'il écrit : "*On mange plus de pain en France, parce qu'on l'y fait meilleur que dans aucun autre pays du monde, et c'est en partie parce qu'on en mange plus qu'on le fait meilleur... On n'imagine pas communément qu'il faille tant d'intelligence et de combinaisons pour faire du bon pain : on jouit ainsi avec indifférence des Arts nécessaires : on n'est sensible qu'aux douleurs et aux plaisirs ; on néglige l'utile et le*

raisonnable pour le frivole et l'agréable. En général, on ne fait point assez de cas des talents du Laboureur et du Boulanger."

Parmentier apportera quelques objections lors de la publication de l'ouvrage, l'auteur n'ayant pas soumis toutes les informations rassemblées auprès des professionnels à une expérimentation rigoureuse. Mais il reconnaîtra un rôle de pionnier à Malouin dans ce domaine. Onze ans plus tard, lorsque Parmentier présentera son livre, le *Parfait Boulanger* à l'Académie, Malouin, lui lancera : *"Vous avez vu tout cela mieux que moi !"*

Le souci pédagogique de ces savants et leur esprit philanthropique seront tels que Parmentier s'associera à un autre pharmacien ayant étudié le pain, Cadet de Vaux pour ouvrir une école de boulangerie dans la capitale. Mais, malgré leur volonté de mettre leurs connaissances au service de la corporation, les habitudes de la profession étaient difficiles à changer. Et puis, nombreux étaient les boulangers qui possédaient pleinement leur art et satisfaisaient le goût de leur clientèle grâce à l'expérience transmise par leurs anciens maîtres.

LA RÉVOLUTION
DANS LES FOURNILS

La Révolution va affecter de manière importante l'ensemble de la boulangerie dans tout le pays. Tout d'abord l'abolition de la banalité des fours et moulins va permettre un développement des boulangeries dans tout l'hexagone. La suppression de la gabelle amènera quant à elle la généralisation de l'emploi du sel dans la confection du pain. Désormais, alors que le prix du sel est divisé par quatorze, chacun peut jouir d'un pain bien plus savoureux.

Peu à peu, ce goût gagne la province. À tel point qu'en 1792, durant les guerres révolutionnaires, Gœthe décrit la frontière entre la Prusse et la France comme celle du blé et du seigle : *"Hier encore, j'ai rencontré dans un bourg allemand du pain noir et des filles blondes et, aujourd'hui, du côté français, les filles sont brunes et le pain blanc."*

Pendant la première moitié du XIXe siècle, la meunerie connaît une nouvelle révolution. Les moulins réussissent à extraire de plus grandes quantités de farine de plus en plus blanche grâce à des transformations de leurs installations. La production céréalière nationale parvient à couvrir les besoins de nos concitoyens. La farine produite est très appréciée sur les marchés étrangers vers lesquels elle est exportée à partir de 1860.

À L'EST, DU NOUVEAU

Mais la primauté des farines françaises est battue en brèche par des productions venues de Hongrie. Leur qualité est telle qu'une farine produite par un moulin de Budapest est couronnée lors de l'exposition universelle de 1878 qui, comble de l'ironie, se tient à Paris. La mouture de cette farine à l'aide de cylindres, tout d'abord en porcelaine puis en métal, permet d'extraire par étapes successives une farine de plus en plus blanche. C'est grâce à cette farine que la boulangerie viennoise connaîtra son apogée.

Lors d'une visite à Vienne en 1837, les princes français reçus à la cour d'Autriche apprécient tant le pain qui leur est servi qu'ils assurent à leurs hôtes qu'il ne manquera pas de connaître le succès dans notre capitale. Dès 1838, un officier d'artillerie viennois ayant entendu ce compliment ouvre une boulangerie appelée *La Viennoise* dans la rue de Richelieu à Paris. Un témoin nous rapporte : *"La Viennoise eut un succès fou. L'on ne voyait dans les rues que les porteurs de pain en casquettes et des voitures marquées Zang, il y avait 55 por-*

teurs de pains ; tout Paris voulut avoir ses croissants et son pain de gruau, si bien qu'il fallut, pendant quelque temps, avoir un policier pour garder la porte au-dedans et deux au-dehors. Les autres boulangeries se trouvèrent forcées de faire ce pain que tout le monde leur demandait et firent venir des ouvriers viennois pour satisfaire leur clientèle." En 1885, ce seront mille ouvriers boulangers viennois qui travailleront dans la capitale. Grâce à Marie-Antoinette, les Parisiens connaissaient déjà les croissants. Une boulangerie installée rue Dauphine en proposait depuis 1780.

COMMENT CONTOURNER LA LOI ?

Les difficultés rencontrées par les boulangers pour maintenir leurs entreprises à flot les conduisent à contourner la loi en proposant des pains *fantaisie* différents de ceux dont le prix est taxé. Un décret de 1840 autorise les boulangers à confectionner de tels pains échappant à la taxe. Ils doivent soit peser moins d'un kilo, soit mesurer plus de 70 centimètres lorsqu'ils pèsent plus de deux kilos.

Les formalités d'installation des boulangers deviennent moins contraignantes à partir de 1863. Le pouvoir espère qu'une plus grande concurrence provoquera une baisse des prix. Pourtant, cette prolifération de boulangeries causera de nombreux dommages à l'ensemble de la profession. Car si le nombre de boulangeries augmente, la production globale stagne et chaque boulanger produit moins de pain. Mais cette concurrence amena progressivement à Paris et dans les villes une sensible amélioration de la qualité. Le pain rassis devient invendable alors qu'auparavant, il était vendu moins cher que le pain frais. De nombreux boulangers livrent le pain chaud au domicile de leur clientèle. A partir de 1850, au grand dam des pâtissiers, ils proposent des gâteaux dans des boutiques qui deviennent de plus en plus coquettes.

En 1834, Vaury, dans *Le guide du boulanger indiquant les moyens à prendre pour bien fabriquer le pain et les économies que le boulanger peut apporter dans son travail* décrit un pain fantaisie orné de grignes faites à l'aide d'une lame de rasoir. C'est un proche cousin de notre baguette. Les pains longs prennent de plus en plus de place sur les tables. Leurs bouts ne sont plus amincis contrairement au siècle précédent.

En 1867, une nouvelle levure issue de la distillerie de grains, plus pure et plus blanche, apparaît. Grâce à elle, le pain lève mieux et elle ne donne aucune amertume au pain malgré la baisse des quantités utilisées.

LE TEMPS DES MACHINES

La mécanisation fait une entrée timide dans les fournils. Depuis la fin du XVIIIe siècle, plusieurs prototypes de pétrins ont vu le jour. Mais l'encombrement, la complexité des mécanismes et le prix de tels équipements en font des objets de curiosité. Il faudra attendre 1867 pour que la boulangerie de l'Assistance publique, qui est probablement la plus grande de France, acquière de semblables machines. Du 5 mai au 5 juin 1905, dans la galerie des machines construite sur le Champ-de-Mars lors de l'Exposition universelle de 1900, se tient une exposition de matériel de meunerie et de boulangerie. Elle attire une foule considérable qui mêle professionnels, hommes de goût, scientifiques et grand public. Tous sont curieux de s'instruire et veulent voir ces machines modernes pour comprendre les idées nouvelles qui se font jour. Chacun peut, à sa guise, voir et toucher ces machines qui permettront de produire une farine de qualité pour le pain de tous les jours. C'est un exemple à méditer.

La meunerie et la boulangerie sont dotées de moyens fantastiques et se livrent

à des expériences qui leur permettent de préparer leur avenir en toute connaissance de cause. C'est pour la meunerie l'époque de la transition meules-cylindres et pour la boulangerie celle du début des pétrins mécaniques. Des marchands de matériel livrent des moulins ou des boulangeries *clés en main* entièrement équipés.

Les fours connaissent aussi d'importantes améliorations. Pendant plus de 2000 ans, le chauffage se faisait par l'introduction de bois dans la chambre de cuisson. Ce *chauffage direct* comporte de nombreux inconvénients. Tout d'abord, il oblige le boulanger à refaire du feu entre deux fournées. Il faut également extraire les cendres de la chambre de cuisson avant de procéder à l'enfournement. Dorénavant, le foyer est situé sous la sole du four qui est ainsi chauffée indirectement. Le boulanger peut utiliser indifféremment du bois ou du charbon. L'aménagement intérieur du four connaît également de nombreuses innovations : la sole est en briques réfractaires, les voûtes plates et les ouras permettent une meilleure combustion. Les premiers dispositifs produisant de la buée à l'intérieur du four apparaissent également dans la seconde moitié du siècle dernier.

Toutes les conditions sont à présent réunies pour que la baguette entre en scène. À l'aune de l'histoire du pain, elle fait figure de frêle jeune fille qui s'attire tout naturellement la sympathie. Elle est la petite cadette à laquelle ses parents ont réservé le meilleur d'eux-mêmes. Rien n'est trop beau pour elle : les meilleures farines, la meilleure levure, le meilleur sel et de l'eau pure. De quoi rendre jaloux ses grands frères moins bien dotés dont nos aïeux devaient se contenter, ces pains noirs et autres pains d'avoine.

L'APPARITION DE LA BAGUETTE

C'est vers 1890 qu'une fine baguette de 70 cm de long pour 6 cm d'épaisseur et pesant 300 g une fois cuite entre dans les boulangeries parisiennes. Élaborée selon une méthode dite *directe*, la fermentation de la pâte est rendue possible grâce à un simple et faible apport de levure, sans aucun levain ni pâte fermentée ou vieille pâte. Sa croûte dorée et appétissante croustille si l'on prend garde de l'acheter quotidiennement. Peu à peu, elle trouve sa place dans les étals au milieu de couronnes, de pains ronds et de longs pains fendus profondément sur toute leur longueur. Dès le début du XXe siècle, elle figure en bonne place dans tous les manuels de boulangerie. Elle attendra la fin de la Grande Guerre pour connaître les faveurs du plus grand nombre dans l'hexagone avant de faire le tour du monde.

À LA CONQUÊTE DU MONDE

On ne compte plus de nos jours les boulangers français qui ont mis leur savoir-faire au service de la renommée de la baguette sur les cinq continents. De New York à Bangkok, des fournils livrent leurs fournées de baguettes à une clientèle conquise par l'une des plus belles créations du génie français. On ne peut parler de la conquête des marchés étrangers sans évoquer le professeur Raymond Calvel qui, inlassablement, a parcouru le monde pour la promotion du pain français. C'est dès la fin des années quarante qu'il aborde la Grande-Bretagne et les États-Unis. Sa plus belle réussite a été de convertir les Japonais. Pour ces mangeurs de riz, la baguette ne pouvait qu'avoir le parfum de l'exotisme. Au milieu des années cinquante, un long séjour dans l'empire du Soleil-Levant lui permet de poser les jalons d'une entreprise de séduction du public japonais qui cédera pleinement lors des jeux Olympiques de 1964. C'est grâce au capital de sympathie de la baguette que la pâtisserie et la cuisine françaises parviendront à charmer des palais nippons devenus curieux de notre gastronomie.

ET EN FRANCE ?

Paradoxalement, si la boulangerie française peut être fière de ses succès à l'étranger, il en va tout autrement de la situation qui prévaut dans notre pays. À l'image du cordonnier qui est, dit-on, le plus mal chaussé, le Français promu au rang de boulanger de la planète doit se contenter d'un pain de qualité plus que médiocre. L'amateur de baguette est-il condamné à s'expatrier en Amérique du Nord ou en Extrême-Orient pour satisfaire un besoin si élémentaire ?

Nos contemporains ne sont certes pas les premiers à blâmer la qualité de leur pain. Déjà, à la fin du XVIII siècle, l'abbé Jacquin traitait le pain de *chose lamentable* avant de poursuivre *"l'ignorance et la friponnerie des boulangers exposent la santé et la vie du peuple à tous les dangers. Le pain est le premier, le plus universel et le plus essentiel des aliments : aussi est-il étonnant que dans un royaume comme la France, il y ait aussi peu de police sur la qualité du pain, sur son poids et sur son prix."* On n'ose imaginer quelle serait la réaction de cet abbé confronté à une baguette industrielle emballée sous Cellophane.

À QUI LA FAUTE ?

Bien obligés de constater la baisse de qualité de la baguette, les professionnels se renvoient la balle et s'accusent mutuellement de tous les torts. Le boulanger dénonce le meunier qui se défausse sur le céréalier. Ce dernier s'en prend à la politique agricole du gouvernement ou à l'attitude des banques à son égard. Comme toujours, certains incriminent le progrès, responsable, à leurs yeux, de tous les maux. Une chose est sûre, cependant : la baguette que nous avons laissée à son zénith dans les années trente a vu sa qualité subir une lente dégradation, étalée sur plusieurs décennies. Le degré de perfection atteint par la boulangerie française a été lente-

ment rongé sans que personne ne daigne s'émouvoir. Pas plus les responsables professionnels que les critiques gastronomiques. Ces chroniqueurs, qui vantent les mérites d'une table étoilée, parlent de l'accueil, de l'argenterie, du bouquet sur la table. Mais ils ignorent superbement la baguette, et passent sous silence la qualité du pain dans leurs comptes rendus. Trop peu de guides en font mention et pourtant, une bonne baguette est aussi nécessaire à la gastronomie que le soleil aux vacances. Les pouvoirs publics n'ont rien tenté pour enrayer une telle dégradation. Quant aux consommateurs, ils se sont trop souvent contentés de cette médiocrité sans réagir comme il se devait.

La dernière guerre a causé de nombreux dégâts à notre boulangerie. La débâcle de 40 est également celle de notre bonne baguette dans les fournils de France. Les privations dues au conflit, le rationnement puis l'effort de reconstruction peuvent, éventuellement, excuser une baisse de la qualité, que tout le monde s'accorde à reconnaître. Mais la guerre et son cortège de sacrifices passés, il aurait fallu revenir à cette qualité que les artisans étaient encore en mesure d'offrir à leurs clients tout en l'enseignant à leurs apprentis, pérennisant ainsi leur art. Au lieu de cela, on a laissé dépérir ce savoir-faire acquis à force d'efforts pour se tourner vers la facilité du *pain ultra blanc*, à l'image de ces lessives qui *lavent plus blanc que blanc*.

LE PARTI DE LA FACILITÉ

C'est en 1954 que Joseph Albert, ouvrier boulanger en Vendée, découvre par tâtonnements l'effet d'un pétrissage intensifié sur les pâtes. En doublant la vitesse et la durée du pétrissage, la pâte ainsi malmenée permet d'obtenir des baguettes *soufflées*, considérablement grossies dont la mie se révèle extraordinairement blanche. La clientèle locale, fatiguée du pain noir des années de guerre, se rue sur ce pain à la mie immaculée. Le succès est tel que Joseph Albert est sollicité par de nombreux confrères de la région qu'il forme à cette nouvelle méthode. En échange d'une exclusivité géographique, il perçoit une faible rémunération. En cinq ans, le procédé se propage à travers tout le pays. Tous les fournils ne firent plus que de ce pain *ultra blanc*. Le pétrissage intensifié qui *lessive* la pâte, comme le dit le professeur Calvel, a également pour effet d'augmenter sensiblement le volume des pains.

Hélas, tout cela se produisit au détriment de la qualité de la baguette, de sa saveur et de sa bonne conservation. La majorité des consommateurs se sont laissé piéger avant de se rendre compte que leur pain avait changé. Il n'avait plus un goût de pain. On ne mange pas de ce pain-là qui n'a rien d'autre à proposer que les faux atours de sa blancheur. C'est là que réside la principale cause de désaffection du public. Parallèlement, de nombreux artisans boulangers se sont résignés à adopter cette méthode malgré leurs convictions profondes. Ils ne se sentaient pas en mesure d'endiguer la vague déferlante qui mettait à bas la qualité. Nous sommes entrés dans un engrenage diabolique : la baisse de la qualité entraîna une désaffection du public pour la baguette que les boulangers se mirent à la traiter par-dessus la jambe. Alors que pour le véritable boulanger de tradition, la baguette représente ce qu'on appelle, en termes de marketing, un produit d'appel. C'est pour elle que le client doit franchir quotidiennement le seuil de son magasin. À condition d'être assuré d'y trouver une baguette que sa qualité seule suffit à distinguer de ce qui est vendu sous ce vocable par de prétendus boulangers qui se contentent de cuire des pâtons surgelés fabriqués par d'autres à partir de farines douteuses mélangées à divers ingrédients, et dont ils ignorent et la provenance et la composition.

Malheureusement, depuis la découverte de cette *recette miracle*, les responsables de la formation ont pris le parti de la facilité. L'enseignement dispensé dans les écoles de boulangerie ou dans les centres de formation des apprentis a été pensé en fonction de ces bases erronées. De plus, dans les écoles de boulangerie-pâtisserie, le pain est souvent considéré comme le parent pauvre et intéresse de moins en moins les élèves qui s'orientent vers la pâtisserie. Pourtant, ne seraient-ils pas plus motivés si on les initiait à toutes les subtilités de la boulangerie qui est un art au même titre que la pâtisserie ? Ces travers de la formation peuvent dédouaner tous les jeunes boulangers formés à cette école qui a omis de leur inculquer le souci de la qualité. À l'inverse, ceux d'entre eux qui, aujourd'hui, font le pari de cette qualité ont bien du mérite mais ils savent que c'est d'elle que dépend leur avenir.

Dans ce monde en crise, l'artisan boulanger doit renouer avec la tradition de qualité qui faisait la fierté de ses prédécesseurs. Seules, cette exigence et la rigueur dans son travail lui permettront de retrouver sans conteste la place de choix qui lui revient dans son village et dans son quartier auprès de clients, peu à peu transformés en amis.

PRISE DE CONSCIENCE

C'était un temps où chaque boulanger faisait son pain selon les règles de l'art. Jeter du pain était tabou. Aucune famille n'aurait toléré un tel sacrilège. Il y a seulement quelques décennies de cela. Depuis, notre vie a changé. Le pain aussi et, s'il est révoltant de constater que nos ordures contiennent chaque année 400 000 tonnes de pain, comment ne pas comprendre sinon excuser un tel comportement ? Comment se contenter d'un produit industriel qui n'a plus de pain que le nom ? Comment apprécier ces pâtes dont le seul attrait est la blancheur ? Comment savourer un aliment qui n'a plus ni odeur ni saveur ? Un produit durci sitôt dégagé de l'emballage de plastique rétractable qui l'engonce.

Ces quelques décennies qui nous séparent de l'époque où le pain était *bon comme du bon pain* ont été suffisantes pour que les plus jeunes de nos concitoyens ignorent tout de la vraie saveur d'une baguette traditionnelle. Et pourtant, quiconque a eu la chance de goûter, ne serait-ce qu'une fois, une baguette de tradition faite dans les règles par un homme de l'art ne peut l'oublier. Il suffit, pour s'en convaincre, de procéder à une simple expérience. Prenez deux tables dans un restaurant ou une cantine. Disposez une sorte de pain par table. Les convives auxquels sera proposée de la baguette de tradition termineront leur pain et en redemanderont quand ceux de l'autre table grignoteront un quignon du bout des lèvres. Les premiers, sensibles à la qualité, indiquent l'espoir d'une reprise de la consommation.

Certains restaurateurs vont même jusqu'à penser que si le pain est bon, le client en mange plus, d'où une augmentation de leurs charges. Pour les établissements à prix modéré dont la gestion pourrait souffrir d'un tel surcoût, il serait envisageable de facturer les morceaux de pain pris en plus, au même titre que tout autre supplément. Nul doute que le client préférerait se voir proposer la qualité plutôt qu'un morceau sans saveur. Une explication serait probablement bien perçue par les consommateurs puisqu'une telle mesure se justifie. Et pourquoi ne pas honorer son boulanger en faisant figurer son nom sur la carte ?

La situation est-elle irréversible ? Sommes-nous condamnés à baisser les bras ou bien est-il encore possible d'agir face à cette sous-consommation ? Aussi noir soit le constat, il existe des raisons d'espérer que des changements sont encore possibles pour redonner à la baguette les lettres de noblesse qu'elle avait acquises sans autre artifice que ses seules qualités. Au pays de Rabelais, la tradition boulangère s'est perpétuée au fil des siècles grâce au travail acharné d'une corporation donnée en modèle de par le monde. Nos boulangers ont toujours fait l'admiration de leurs homologues étrangers qui enviaient la qualité de leur production. Ce labeur exemplaire n'a jamais été le fruit du hasard ou d'une quelconque bénédiction qui les aurait protégés. De tous temps, les boulangers ont été tributaires de la qualité des matières premières mises en œuvre dans les fournils. Pas plus que l'on ne peut faire du bon pain sans une bonne farine, on ne peut faire une farine de qualité sans blés excellents. Les boulangers ont tiré les plus grands bénéfices des progrès qui ont révolutionné les métiers d'agriculteur et de meunier permettant ainsi au plus grand nombre de jouir de produits de qualité.

Tradition et modernité peuvent faire bon ménage et de nombreux boulangers le prouvent quotidiennement en offrant à leurs clients un pain qui ne vole pas son nom. Pour persévérer dans le sillon tracé par leurs prédécesseurs à l'écart de la facilité, ils ont besoin d'être soutenus dans leurs efforts par des consommateurs éclairés et capables de reconnaître la qualité lorsqu'elle se présente à eux. Tout passe par l'information des consommateurs et plus particulièrement par l'éducation des enfants auxquels il est impératif de donner le goût du bon pain. Apprendre à reconnaître une bonne baguette est un exercice ludique qui allie plaisir et nécessité. Car à quoi bon acheter une baguette pour ne pas la consommer ?

Devant la crise qui frappe la boulangerie française, une longue litanie de réunions, de conférences, de congrès, de symposiums, d'états généraux se succèdent. Cent, cinq cents, mille participants viennent y écouter poliment les orateurs poser cette question : *"Pourquoi la consommation de pain diminue-t-elle ?"* Tous les professionnels invités sont là. Tous les métiers intéressés sont représentés et les journalistes mobilisés. Bref, personne ne manque à l'appel. Et pourquoi ces nombreuses sommités se réunissent-elles ? Que disent-elles ? Que décident-elles ? Avouer que le goût du pain a changé et ne répond plus au désir gourmand du public serait trop simple. On préfère critiquer le consommateur ou se cacher derrière lui en décrétant que son goût pour le pain a changé.

Chacun feint d'accepter ce contresens lourd de conséquences pour tous les professionnels concernés. Parfois un orateur, se voulant optimiste, aligne quelques chiffres, qui feraient presque croire que le mal est enrayé ou en voie de l'être. Il parle alors de consommation totale de farine, mêlant biscuits, biscottes, pains industriels et produits surgelés.

CE QUI NOUS GUETTE

Mais trop rares sont les participants qui s'aventurent à mettre en garde les professionnels contre le risque que représente la pente sur laquelle ils se trouvent : la triste réalité est là. Mois après mois, les boulangeries disparaissent. Le risque pour le consommateur est que la France atteigne le point de non-retour que connaissent déjà les habitants de l'Europe du Nord où ne subsistent plus que quelques rares boulangeries artisanales, la quasi-totalité du pain consommé étant produit industriellement.

Certains professionnels tentent de se rassurer en collant une affiche publicitaire ou en lançant un slogan qui ne dérangent pas trop. Mais le consensus est trop faible dans les professions intéressées que sont l'agriculture, la meunerie et la boulangerie.

Certains ont même baissé les bras et considèrent cette diminution de la consommation comme naturelle, normale et inéluctable.

L'ÉDUCATION DU CONSOMMATEUR

Sans cohésion des professionnels, pas de décision, pas de possibilité d'informer le consommateur. C'est pourtant le seul moyen pour l'aider à distinguer un terminal de cuisson d'une boulangerie artisanale. Et pourquoi ne pas utiliser tous les moyens modernes de communication pour promouvoir la baguette de qualité élaborée de manière traditionnelle en indiquant ses caractéristiques.

Il est à craindre qu'un tel discours ne plairait pas à tous tant il remet en cause les méthodes de travail héritées par force de l'après-guerre. Les organisations professionnelles font ce qu'elles peuvent. Mais leurs moyens sont trop limités pour dénoncer le confort de la routine et promouvoir par l'exemple une utilisation raisonnée des machines permettant de concilier parfaitement la qualité avec le rendement et l'économie de temps et d'efforts.

La meunerie, ma famille, n'est pas exempte de reproches. Pour certaines fabrications, des moulins ont cédé sans résistance à une demande entretenue par la mode *pain blanc* et les exigences d'une panification dite *moderne* qui a engagé de nombreux professionnels dans une course contre la montre. Doit-on dire que la meunerie a proposé, il y a quelques années, de créer une Académie du Pain avec ses immortels ! On avait, pour la circonstance, convoqué des journalistes. Mais, par manque cruel de moyens, cette idée s'est perdue à jamais avant même de voir un début d'existence, réduisant ainsi les *immortels* au silence. *Ab uno disce omnes*... En fait, le changement dérange.

Que diraient les équipementiers qui, grâce à la méthode du pain ultra-blanc, ont vu exploser leurs carnets de commande en proposant de nouveaux matériels.

Et les marchands de levure et de sel, trop heureux d'avoir doublé leurs ventes grâce à la fabrication de *pain ultra blanc* ne vont tout de même pas scier la branche sur laquelle ils sont assis. Pas plus que les prospères marchands d'améliorants dont l'utilisation est devenue la règle, nullement justifiée par un travail traditionnel.

L'agriculture, quant à elle, n'y comprendrait plus rien. Depuis trente ans, les syndicats professionnels conseillent des variétés de blés dont la force boulangère va de record en record alors qu'ils ne sont pas indispensables à la panification à l'ancienne. Pour la même raison, les importateurs de blés destinés à renforcer les blés produits en France seraient dérangés par une telle mutation.

RELEVER LE DÉFI

Pour beaucoup de sceptiques, ce combat s'apparente à celui de Don Qui-

chotte. Mais, grâce à une prise de conscience des consommateurs, les boulangers sont de plus en plus nombreux à penser que l'avenir de leur profession passe par une véritable révolution dans les fournils.

Il n'y a pas de farines miracles. Le seul moyen de produire du bon pain passe par une politique de qualité. C'est à la boulangerie artisanale qu'il revient de réhabiliter le pain-plaisir, le pain-gourmandise qui fera craquer les consommateurs... Comme autrefois !

La qualité n'est pas au rendez-vous des boulangeries industrielles, des boutiques et des terminaux de cuisson qui ont modifié les méthodes de travail. La contrepartie des investissements gigantesques nécessaires pour de telles unités est le silence imposé à toute une profession. Tous ces groupes de pression dont l'intérêt est que le consommateur se contente de la médiocrité qu'ils leur offrent ont tout à gagner à l'immobilisme actuel.

Et pourtant quel meilleur moyen que l'explication claire, simple, offerte à tous pour les détourner à jamais des pains de mie sous plastique conservés grâce au propionate de calcium ou de ces brassées de baguettes issues des terminaux de cuisson qui n'ont de baguettes que le nom ?

Nous payons cher aujourd'hui les errements des décennies passées. Mais, si cette épreuve doit conduire la boulangerie à redresser la tête et à modifier ses méthodes de travail, nous pourrons bientôt parler de la baguette qui domine actuellement comme on le fait d'un lointain cauchemar et voir la consommation de pain augmenter très sensiblement et regagner les 50 à 100 g quotidiens que nous avons perdus.

POURQUOI LE GOÛT DU PAIN A-T-IL CHANGÉ ?

Il est nécessaire de parler un peu de technique pour comprendre la situation actuelle de la boulangerie. La principale erreur des professionnels a été de transformer le diagramme de fabrication de la baguette pour l'adapter aux machines alors qu'il aurait fallu adapter l'utilisation des machines au diagramme de la panification de qualité.

À l'orée des années 60, la boulangerie n'avait pas le choix. Le prix du pain était bloqué à un tel niveau qu'elle devait se moderniser pour augmenter sa productivité et contenir le coût d'une main-d'œuvre qualifiée qui, dès cette époque, commença à se raréfier.

Depuis plusieurs années déjà, la façonneuse avait trouvé sa place dans la majeure partie des fournils. La diviseuse quant à elle ménageait timidement la sienne. Et c'est là que les choses se gâtèrent.

Puisqu'une pâte fermenté ayant triplé de volume passait plus difficilement dans ces machines, on décida de les y introduire avant la fermentation de la pâte. Bien entendu, on appliquait au pétrissage la recette de Joseph Albert. Le pétrin tournant plus longtemps et plus vite blanchit la mie et accroît le volume du pain pénalisant la croûte ainsi que son goût et sa bonne conservation.

Or, toute la qualité, toute la saveur, tout l'arôme du pain, dépendent de la première fermentation, en masse, de la pâte.

Ayant diminué la première fermentation, on a, bien sûr, augmenté la seconde, celle donnée à la pâte après division et façonnage. Mais elle n'a malheureusement aucune influence sur la saveur du pain produit.

Notre pauvre baguette n'avait pas fini de souffrir. D'autres surprises l'attendaient à la cuisson. Les pâtons posés directement sur la sole des fours préchauffés explosaient au premier contact. On imagina alors les fours rotatifs. Avec eux, plus de manutention. Sitôt divisés et façonnés, les pâtons sont directement déposés dans les filets métalliques d'un chariot où s'effectue leur fermentation. Celle-ci terminée, le chariot tout entier prend place dans le four pour une cuisson qui ne causera aucun dommage au pâton. Mais malheureusement, la pâte cuira sans exploser de bonheur.

Aujourd'hui, en 1995, le prix du pain est libre ; la main d'œuvre devrait être abondante avec plus de trois millions de chômeurs et, pour les Français, qui fêtent maintenant chaque année la journée du goût, la médiocrité n'est plus de mise.

Seules quelques précautions et les réglages simples de la diviseuse et de la façonneuse permettront, en réhabilitant le diagramme de fabrication d'autrefois, de revenir à une panification de qualité.

LES LEÇONS DU PASSÉ

Revenons, si vous le voulez bien, à Monsieur Meunier, ce boulanger qui me fit redécouvrir le goût du bon pain de mon enfance. Trois ans avant notre rencontre, il avait acheté sa boulangerie. Trois ans qui lui avaient suffi pour doubler son chiffre d'affaires alors que la majorité de ses confrères se désolaient de voir leur clientèle se disperser.

Après m'avoir fait goûter son pain, il accepta de me livrer son secret. Aussi intègre que passionné par son métier, il m'expliqua que celui-ci résidait simplement dans une recette, celle des anciens, celle des années d'avant-guerre et, me tendant un vieux manuel de boulangerie, il me proposa de la copier. Mieux, il accepta que le responsable du laboratoire de panification de mon moulin lui rende visite et passe une nuit avec lui dans le fournil. Il put ainsi constater que la pâte comportait la moitié des doses de sel et de levure couramment utilisées. Hydratée à 70 % et pétrie entre 8 et 10 minutes, elle reposait trois heures pour la première fermentation alors que la seconde fermentation sur couche variait entre 30 et 60 minutes.

La farine qui lui avait été livrée ayant donné satisfaction, je décidai de la mettre à la disposition de tous les boulangers qui désiraient faire une baguette de qualité. J'engageai deux professeurs de boulangerie et créai à Chartres un centre de perfectionnement, ouvert aux boulangers désireux de remettre à l'honneur la vraie baguette française. J'espérais, par cette qualité retrouvée, convaincre facilement mes clients. J'imaginais pour eux une clientèle accrue, satisfaite, envahissant la boutique. Et mon idée d'alors était tout simplement que cette qualité offerte par tous les boulangers de France provoquerait un nouvel engouement pour la consommation du pain. La France entière consommerait plus de pain donc plus de farine et plus de blé, donnant ainsi du travail à tous les boulangers et à tous les meuniers de France ainsi que des débouchés à nos agriculteurs. Pour le plus grand bénéfice de notre commerce extérieur et la plus grande joie des fonctionnaires de Bruxelles. Je me voyais déjà... au Pays des Merveilles !

Mais je m'aperçus très vite que, pour changer des habitudes, il fallait,

comme on dit, se lever de bonne heure ! Ce que je fis ! Je décidai d'être présent sur différentes manifestations professionnelles où je présentais cette fabrication.

TENIR COMPTE DES PROGRÈS TECHNIQUES

La surprise que suscita mon travail laissa la place à l'intérêt et à la compréhension dans certains milieux de la filière, notamment de la part de M. Bouton, un homme faisant autorité dans la profession. Me rendant visite un jour, il me complimenta sur la valeur de la production rencontrée chez un des boulangers ayant fait le pari de cette qualité et m'annonça qu'il se faisait fort d'économiser de précieuses heures de présence au travail aux boulangers en conjuguant le modernisme avec la vraie qualité traditionnelle.

Il me conseilla de diriger la longue première fermentation de la pâte pendant la nuit grâce à la réfrigération. Il conçut et m'offrit le prototype d'une armoire, maintenant fabriquée en série.

La farine, conçue sur les indications de M. Meunier, s'adaptait parfaitement à cette innovation. Après de nombreux essais concluants, le fermentateur Bouton voyait le jour. Il permet au boulanger de pétrir la veille au soir sa ou ses fournées du lendemain avant de placer la pâte dans des bacs dont la température arrête la fermentation à 3°. Ensuite, à 1 heure du matin par exemple, une horloge électrique déclenche le lent réchauffement automatique de la pâte jusqu'à 19°.

Elle fermente à cette température pendant trois heures et le matin, vers six heures, le boulanger prend cette pâte bien fermentée à l'abri de l'air et à bonne température pour la diviser et la passer à la tourneuse, réglée de manière optimale pour ne pas nuire à l'alvéolage de la mie. Viennent ensuite la deuxième fermentation qui durera une heure environ et l'enfournement.

Économisant du temps sur le travail de nuit, le boulanger ayant dormi dans son lit n'est plus obligé de se lever tôt le matin pour pétrir et attendre les trois heures nécessaires à la bonne fermentation de la pâte. Il y gagne quelques précieuses heures de sommeil et une qualité véritablement artisanale. Celle qu'un artisan doit préserver, celle qui plaît et dont on parle. La qualité qui force le détour.

La preuve est ainsi faite que le modernisme utilisé à bon escient peut être un atout pour l'artisan soucieux de qualité. Mais il faut faire l'effort de changer les habitudes prises depuis une trentaine d'années pour retrouver une farine répondant aux normes de tradition et la panifier selon le diagramme d'autrefois, tout en utilisant les machines.

Considéré comme une gageure impossible il y a quelques années, ce concept commence à séduire d'excellents professionnels. Tel est également l'avis de M. Bressy, président de la Chambre syndicale de la boulangerie marnaise qui, intervenant en mai 1992 sur la qualité des pains, déclara : *"On est allé trop loin dans l'utilisation de la technique et l'on a dénaturé le pain."* À la technologie de s'adapter aux méthodes traditionnelles et de respecter la qualité.

Tout, ainsi présenté, paraît bien simple. Et pourtant, malgré la rentabilité d'une meilleure hydratation de la pâte, malgré une utilisation optimale du matériel moderne de panification, malgré le retour, grâce à cette méthode, de la saveur du pain d'autrefois, malgré une meilleure conservation, malgré l'amélioration des conditions de travail, des forces d'inertie semblent bloquer la profession, qui hésite à changer ses habitudes quand elle n'y est pas totalement hostile.

Ces hésitations sont peut-être aussi causées par la religion du *pain ultra blanc* servi aux consommateurs et enseignée depuis une génération dans les écoles de boulangerie. Il est nécessaire d'agir à ce niveau en créant, au besoin, un nouveau diplôme dont le détenteur pourra prétendre à une meilleure rémunération. Le retour des artisans à une situation florissante leur permettra de payer en conséquence ceux de leurs ouvriers ainsi formés, le pain de qualité méritant d'être vendu plus cher que le pain industriel.

COMPARAISON DES MÉTHODES DE FABRICATION

	Méthode traditionnelle	Méthode pain *ultra-blanc*	Méthode conciliant tradition et modernisme
Le pétrissage 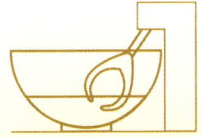	8 à 10 minutes avec un pétrin tournant à 40 tours/minute Hydratation : 70 % Levure : 12 g/kg Sel : 15 g/kg	15 à 20 minutes avec un pétrin tournant à 80 tours/minute Hydratation : 60 % Levure : 20 g/kg Sel : 20 g/kg	8 à 10 minutes avec un pétrin tournant à 40 tours/minute Hydratation : 70 % Levure : 12 g/kg Sel : 15 g/kg
La première fermentation 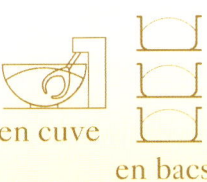 en cuve en bacs	Environ 3 heures	Très variable de 0 à 1 heure	Environ 3 heures
La division et le façonnage 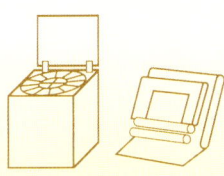	Manuellement	Utilisation de la diviseuse et de la tourneuse	Utilisation de la diviseuse et de la tourneuse
La deuxième fermentation 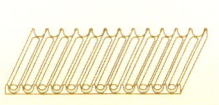	1 heure	1 heure 1/2 à 3 heures selon l'apport de levure	1 heure
La cuisson	Dans un four à sole	Dans un four à sole ou rotatif	Dans un four à sole

UN CONSOMMATEUR AVERTI
EN VAUT DEUX

Pour réhabiliter le pain dans l'esprit de nos concitoyens en combattant les idées reçues qui peuvent ternir son image, il importe de mettre en avant ses qualités gastronomiques autant que diététiques. C'est la vocation des médias que de mettre en avant les caractéristiques de la baguette artisanale et ses avantages sur le pain ultra blanc. Car si le siècle dernier fut celui de la publicité à tout-va, le siècle prochain sera celui de l'information raisonnée et raisonnable.

Ce peut être le rôle des médecins et des grands cuisiniers qui se battent aussi pour défendre une qualité de la vie laissant une large part aux traditions culinaires dont notre pays est si fier.

Il faut également lutter contre les mauvaises habitudes alimentaires. La journée continue, en réduisant le temps du déjeuner au minimum lorsqu'elle ne le supprime pas complètement, a donné naissance à une génération de grignoteurs qui mangent n'importe quoi, n'importe quand. Or, ce grignotage, qui se fait souvent au détriment de la consommation de pain, est tout à fait néfaste sur le plan diététique.

Une autre mauvaise habitude des consommateurs est celle qui consiste à demander du pain *pas trop cuit* au boulanger qui a tort d'accéder à une telle demande. Verserait-on un grand vin de Bordeaux ou de Bourgogne, l'année suivant sa récolte ? On en dissuadera le client en lui expliquant qu'un vieillissement est indispensable pour profiter pleinement du nectar. De même, le boulanger devrait expliquer que la saveur du bon pain provient du goût *caramel* de la croûte allié à la saveur de la mie. Il insistera également sur le fait que la croûte bien cuite isole la mie de la sécheresse ou de l'humidité de l'air, favorisant ainsi la conservation de la baguette. Même s'il est vrai qu'un pain insuffisamment cuit perd moins de son eau et pèse donc plus lourd à la sortie du four, le boulanger se doit de donner à la baguette ces quelques minutes de cuisson supplémentaires quitte à peser des pâtons un peu plus lourds pour compenser la dessiccation. Il le fera volontiers pour satisfaire ses clients.

LE PRIX DE LA QUALITÉ

"Monseigneur,

Il y a quelques queues d'ouvrages qui ne sont point finies et qui ne finiront point, et tout cela, Monseigneur, par cette confusion que causent les fréquents rabais qui se font dans vos ouvrages, car il est certain que toutes ces ruptures de marchés, manquements de parole et renouvellements d'adjudications ne servent à vous attirer comme entrepreneurs que tous les misérables qui ne savent où donner de la tête, les fripons et les ignorants, et à faire fuir tous ceux qui ont de quoi et qui sont capables de conduire une entreprise. Je dis de plus qu'elles retardent et renchérissent considérablement les ouvrages qui n'en sont que plus mauvais, car ces rabais et bons marchés tant recherchés sont imaginaires d'autant qu'il est d'un entrepreneur qui perd comme d'un homme qui se noie, qui se prend à tout ce qu'il peut ; or se prendre à tout ce qu'on peut en matière d'entrepreneur, c'est ne pas payer les marchands chez qui il prend les matériaux, mal payer les ouvriers qu'il emploie, friponner ceux qu'il peut, n'avoir que les plus mauvais parce qu'ils se donnent à meilleur marché que les autres, n'employer que les plus méchants matériaux, chicaner sur toutes choses et toujours crier miséricorde contre celui-ci et celui-là…

En voilà assez, Monseigneur, pour vous faire voir l'imperfection de cette conduite, quittez-la donc et, au nom de Dieu, rétablissez la bonne foi, donnez le prix des ouvrages et ne refusez pas un honnête salaire à un entrepreneur qui s'acquittera de son devoir ; ce sera toujours le meilleur marché que vous puissiez trouver."

C'est en ces termes que Vauban, chargé des fortifications de Belle-Ile s'adressait à Louvois, ministre de la Guerre de Louis XIV.

S'il est peut-être exagéré de dire que la bonne qualité n'a pas de prix, il est, en revanche, bien certain que la médiocrité est toujours trop chère. La bonne qualité requiert du sérieux dans le travail, la maîtrise pleine et entière d'un savoir-faire et une surveillance de tous les instants.

Un boulanger, pour faire du bon pain, a besoin d'une farine dont la qualité dépend des variétés de blés employées, de l'assemblage fait par le meunier qui utilise ces différentes espèces comme un vigneron marie les cépages et les terroirs à sa disposition pour créer un grand vin. Le bon blé est coûteux, sa transformation demande une usine bien équipée de machines modernes conduites par des professionnels compétents rémunérés à leur juste valeur. Sachant cela, le boulanger comprendra que le prix n'est pas le seul critère qui doit diriger le choix de ses farines.

Pour parvenir à une situation de monopole, certains moulins pratiquent le dumping afin de faire disparaître leurs concurrents, ce qui, à terme, ne servira ni le prix, ni la qualité.

LES MÉFAITS DU BLOCAGE DES PRIX

Le prix du pain a trop longtemps été fixé autoritairement. Paul-Jacques Malouin trouvait cette pratique préjudiciable à la qualité de la production des boulangers : *"Fixer le prix du pain, serait arrêter les progrès de l'Art de la Boulangerie ; cela éteindrait l'émulation des Boulangers, et leur ôterait l'envie de chercher les moyens de faire mieux, dans l'espérance de vendre leur pain plus cher que les autres."* Les prix sont libres depuis 1987, et la médiocrité n'a donc plus cette excuse. La concurrence parfois sauvage des boulangeries industrielles et des terminaux de cuisson fait que l'artisan hésite à revoir ses prix. Si son pain est de la même qualité que le pain industriel, il a raison d'avoir peur. En revanche, s'il parie sur la qualité, s'il démarque ainsi son pain du pain industriel ou de celui vendu dans un terminal de cuisson, le client, en retrouvant le goût du bon pain sera prêt à sacrifier les quelques centimes ou le franc quotidien en supplément pour un produit qu'il aura plaisir à manger. C'est ainsi que l'on redonnera au pain sa juste valeur marchande. Nos aînés se souviennent qu'avant guerre, le boulanger échangeait sa baguette contre un journal, un litre de vin ou un camembert !

LE JUSTE PRIX DES CHOSES

Selon l'occasion et ses possibilités, le consommateur peut choisir entre le caviar et les œufs de lump, entre le foie gras et le pâté de campagne, entre le champagne et le mousseux. Mais il refusera de payer le prix fort pour un ersatz. À travers l'information que fournissent les producteurs, par exemple sur le coût des différentes matières premières, l'acheteur comprend que la qualité mérite un juste prix. De plus, le rapport qualité/prix est de plus en plus remplacé, dans l'esprit du consommateur, par le rapport qualité/plaisir/prix. Pourquoi n'en serait-il pas de même pour le pain ?

D'autant plus que le boulanger traditionnel dispose à présent d'une arme qui lui permettra de différencier sa production : le décret n° 93 – 1074 du 13 septembre 1993 auquel M. Édouard Balladur, Premier ministre, a donné son nom. Grâce à ce décret, l'artisan boulanger peut se démarquer de ces terminaux de cuisson qui s'installent jusque dans les stations-service ou de ces commerçants sans scrupules qui promettent à leur clientèle grugée un pain cuit au feu de bois en oubliant de préciser qu'il s'agit de pâtons surgelés.

Puissent les artisans boulangers saisir au bond cette faculté qui leur est donnée de remettre leur travail en honneur.

L'AVENIR DE L'ARTISANAT

Il y a peu de temps, M. Paquet, le regretté président de la Confédération française de la Boulangerie, terminait un éditorial par cette vérité qui est un résumé plein d'espoir pour l'artisan boulanger : *"Il n'y a pas trente-six formes de boulangeries, le boulanger est un artisan."*

LES AVANTAGES
DE LA BOULANGERIE DE TRADITION

L'artisan boulanger a de nombreux atouts. À lui de les saisir et d'en faire profiter le plus grand nombre. Ce faisant, il ne défendra que mieux son propre intérêt. À lui de ne pas laisser passer sa chance.

Plutôt que de courir après une productivité à outrance pour laquelle les boulangeries industrielles seront toujours plus fortes que lui, il lui faut utiliser au mieux son potentiel. Car une des chances de la boulangerie artisanale, c'est la taille humaine de ses entreprises. L'artisan boulanger est à la fois l'acheteur de ses matières premières, le professionnel, le gestionnaire et l'ami de son client. Toujours prêt à rendre service, l'artisan est l'homme qui connaît son client, le reconnaît, l'appelle par son nom. Il réceptionnera volontiers un colis en son absence et jettera un coup d'œil à son appartement durant les vacances. Lorsqu'une fête réunit toute la famille et que le four domestique est trop petit, il cuit volontiers la dinde dans le sien et prête la chaise qui fait défaut. Mais, plus que tout, c'est lui qui sait donner le bon conseil d'achat à son client. C'est tout cela, un artisan. On ne dira jamais assez combien sont importants l'accueil personnalisé du service, l'amabilité et le sourire de la boulangère ou de sa vendeuse qu'aucune gondole de supermarché ne peut donner.

Cette structure légère offre un grande souplesse dans l'organisation de la fabrication. Elle permet, sans frais supplémentaire, d'assurer un autocontrôle permanent de la qualité, mais aussi une prise en compte immédiate des désirs et des besoins du consommateur.

N'oublions pas que la profession dispose d'établissements d'enseignement dont il lui revient de bien diriger l'orientation pédagogique. C'est dans cette formation que se placent tous les espoirs pour que la bonne baguette retrouve sa place.

Toutefois, on ne peut opérer une telle transformation du jour au lendemain, d'autant que le changement implique des efforts de promotion pour le boulanger, de choix pour le consommateur. Mais, n'est-ce pas toujours face à la difficulté que se produit le changement et parfois le sursaut salutaire ?

Face à un chiffre d'affaires en baisse régulière, comment imaginer que le boulanger ne prendra pas conscience que seule la parfaite qualité de sa baguette lui évitera de connaître les affres du dépôt de bilan ou de la fermeture de sa boutique ?

Son client, c'est certain, saura faire la différence : le meilleur l'emporte toujours, c'est la règle d'or de la concurrence. Et pour être le meilleur, il faut se montrer capable de se remettre en question, de recevoir l'exigence du consommateur comme un facteur positif, de suivre l'évolution de ses goûts, mieux, de savoir les guider comme un bon pasteur parvient à communiquer la foi qui l'anime.

PRÉPARER L'AVENIR

Il ne faut pas craindre d'affronter le changement avec courage et obstination. Ce changement est une chance, il est dans la nature des choses. La stratégie, ce n'est pas s'adapter à la meilleure pratique du moment mais façonner et prévoir la meilleure pratique de demain. Après les excès du pain *ultra blanc*, il était prévisible qu'une autre demande se manifeste : si nous ne sommes qu'au début de la période du *pain crème*, gageons qu'il s'imposera dans un proche avenir comme s'est imposé le retour au classique dans la mode, qui a erré de l'ultra-long à l'ultra-court. De même, la gastronomie, après nous avoir offert, ou plutôt imposé, la *nouvelle cuisine* avec un rapport qualité/prix que seul le snobisme pouvait faire digérer, revient-elle aussi à la tradition. Au cours des siècles, que de recettes perdues furent retrouvées ! On veut innover à tout prix, jusqu'au jour où l'on se rend compte que l'innovation passe souvent par un retour aux sources. La baguette ne fera pas exception à cette règle.

Mais l'avenir appartient à nos enfants et l'on ne peut que se féliciter du travail de longue haleine auquel s'est attaché M. Jacques Puisais, président de l'Institut français du goût. C'est l'homme qui a lancé la *journée du goût* avec le concours du ministère de l'Éducation nationale et de tous les grands chefs français. Son travail en profondeur portera ses fruits avec d'autant plus de rapidité qu'il sera relayé quotidiennement dans les familles.

Notre pays dispose du plus grand réseau européen de boulangeries artisanales au service du consommateur. Leur nombre baisse, certes, mais elles existent. Tant qu'elles vivront, il y aura de l'espoir. C'est une arme qu'il faut rendre dissuasive face aux nouvelles implantations possibles de terminaux de cuisson.

Une reprise de la consommation du pain en France grâce à la gourmandise que suscitera une bonne baguette devrait attirer les faveurs de nos gouvernants par ses effets. Tout d'abord, la boulangerie artisanale demande une main-d'œuvre plus abondante qu'une unité de production automatisée. C'est donc un facteur de réduction du chômage. Si la qualité gourmande du pain en fait augmenter la consommation, nos céréaliers s'en féliciteront et Bruxelles trouvera son compte dans la diminution des subventions actuellement accordées pour l'exportation des céréales. Conjointement, la qualité de tradition étant compatible avec les variétés produites dans notre pays, la France ferait une substantielle économie de devises en n'étant plus tenue d'importer des blés étrangers souvent originaires du Canada. Enfin et surtout, le consommateur de baguette préservera ainsi sa santé et son porte-monnaie, les aliments de substitution du pain étant toujours plus onéreux que notre bonne baguette.

Il faut, comme l'écrit Bernard Dupaigne dans *Le livre du pain*, "*sauver les boulangers, les protéger, les déclarer d'utilité publique, et si le pain n'est pas bon, les aider à s'améliorer et non pas les condamner. Le boulanger disparu, la perte est irréparable.*"

Notre espoir, nous le mettons dans ces hommes qui aiment leur métier et dans les amateurs de bon pain. La boulangerie artisanale vit une période charnière mais elle ne survivra comme a survécu la meunerie familiale que si elle est capable d'offrir des produits d'une qualité supérieure à celle de ses concurrents.

L'avenir ne nous décevra pas. À nous tous d'aider l'avenir !

Laissons à Paul-Jacques Malouin le soin de conclure ces quelques propositions guidées par le seul bon sens : "*C'est une richesse de plus dans le Royaume, qui est arrivée dans les temps de Paix, par les progrès de la Meunerie et de la Boulangerie : richesse réelle et presque inconnue, bien susceptible encore d'augmentation, comme on peut le voir par tout ce que j'ai décrit dans cet Ouvrage, auquel on peut ajouter beaucoup après moi ; ce que je désire, parce que cela sera utile.*"

LA BAGUETTE ET LA LOI

La place du pain dans l'alimentation de notre pays est telle que, de tous temps, les disettes ou chertés ont été suivies de troubles sociaux ou d'émeutes. C'est pourquoi le souci constant du législateur a été de préserver la paix civile.

LA LOI AU FIL DES RÉGIMES

C'est Charlemagne qui, le premier, établit une législation sur la fabrication et la vente du pain en France. Confronté à la disette de 795, l'empereur à la barbe fleurie décida que le prix du pain serait fixé par le pouvoir. Près de dix siècles plus tard, la Révolution et l'abolition de la monarchie ne changèrent rien dans ce domaine. En 1791, la Constituante déléguait aux maires le pouvoir de fixer autoritairement le prix du pain.

Jusqu'en 1439, le prix du pain était invariable, son poids s'adaptant aux fluctuations des céréales. On parlait du pain d'un denier (ou denrée), de la demie (vendue une obole) et du doublon. Après cette date, c'est son poids qui sera fixé par les textes et son prix suivra les cours du blé.

Chaque monarque accédant au trône modifie presque systématiquement les lois en vigueur. Mais cela est plus vrai encore pour les changements de régimes qui succèdent bien souvent à des manifestations populaires provoquées par le manque de pain ou par son prix.

Le premier recueil réglementant la boulangerie vit le jour sous le règne de Saint Louis, en 1269 et restera en vigueur jusque sous Louis XV. *Le Livre des métiers* d'Etienne Boileau recense les corps de métiers et prescrit les différents devoirs des professionnels. Témoignant de l'importance du pain dans la société au Moyen Âge, le chapitre consacré aux boulangers est placé en tête de l'ouvrage. Il organise toute la vie professionnelle et sociale du boulanger, de l'apprentissage du métier à son exercice et des usages à respecter à la hiérarchie de la corporation sans oublier les impôts et taxes dont chaque artisan est redevable. Les quarante-neuf articles des lettres patentes du 14 mai 1719 le modifieront profondément. La proximité de Paris avec le pouvoir et la propension de sa nombreuse population à s'enflammer lui valut de bénéficier d'un régime de faveur de la part de tous les gouvernements. Paris est la ville où le pain coûte le moins cher de tout le pays en raison des différents systèmes de subventions. C'est si vrai que son *exportation* en banlieue est interdite. Souvent, durant les époques troublées, les contrevenants s'exposent à la peine de mort. La législation appliquée dans la capitale a toujours servi de modèle aux réglementations progressivement mises en œuvre dans les métropoles régionales sur l'ensemble du territoire.

PRIX ET QUALITÉ

Le prix de vente du pain est au centre de la majeure partie des lois qui ont vu le jour. Le pouvoir voulant garantir aux Parisiens un pain bon marché, les boulangers voyaient leurs prix de vente bloqués. Et comme il arrivait souvent que le coût de revient soit supérieur au prix imposé, le boulanger percevait un montant destiné à compenser ses pertes. C'étaient soit des fonds publics, soit le produit de l'épargne des boulangers eux-mêmes qui étaient tenus de cotiser à une caisse syndicale pendant les périodes où les cours de la farine leur permettaient de le faire. Par ailleurs, les boulangers ont presque toujours été tenus d'approvisionner leurs boutiques en quantité suffisante pour répondre à la demande de leur clientèle. Cela était surtout vrai pour le pain ordinaire et si, en fin de journée, le boulanger ne disposait plus que de pain de luxe, il était tenu de le vendre au prix du pain courant.

Sous l'Ancien Régime, chaque région, voire chaque localité, avait sa propre réglementation. Le seigneur du lieu pouvait fixer les taxes au niveau qui lui semblait bon sur tout ce qui peut s'imaginer. Dans certaines localités, le pain donnait lieu à la perception de droits. Un tel impôt existait par exemple à Nevers où il portait le nom de *droit de maille*. Il faudra attendre la Révolution pour qu'il disparaisse de notre pays.

En échange des nombreuses obligations auxquelles les boulangers étaient soumis, le nombre de boulangeries a toujours été limité et un monopole plus ou moins rigoureux selon les époques leur permit de lutter contre la concurrence de *confrères* venus des bourgs avoisinants. Établis librement dans la région parisienne, ils avaient la possibilité de vendre leur production sur les quinze marchés de la capitale. En période de crise, ils ne seront tolérés que deux jours par semaine. Pour des motifs semblables, des cabaretiers qui avaient pris l'habitude de vendre du pain acheté par eux en dehors de la ville se virent interdire cette pratique.

La qualité du pain vendu a également été l'objet de la plus grande attention des autorités. De nombreux textes indiquaient avec précision la composition des pains proposés à la vente et la manière de les préparer. Afin de déterminer avec précision quel boulanger avait confectionné un pain, celui-ci était tenu d'y apposer une marque de reconnaissance ou un numéro qui lui était attribué. Le même numéro trônait dans sa boutique à la vue de tous. De même, le poids du pain devait être signalé par une marque.

LES SANCTIONS

Les boulangers qui transgressaient les règlements s'exposaient généralement à de fortes amendes. Mais les sanctions pouvaient se vouloir plus dissuasives, ainsi que le rapporte Ambroise Morel dans son *Histoire illustrée de la boulangerie en France* : *"Pendant la disette de 1316, seize boulangers convaincus d'avoir mêlé au* pain des ordures furent bannis du royaume après avoir été exposés au pilori leur pain à la main."

Un siècle plus tard, Charles de Valois donne aux échevins de Châteaudun *"le droit de visitation sur les boulangers et prescrit qu'à la troisième fois où les boulangers seraient trouvés en faute, ils seraient précipités d'un tombereau mis sur la place publique".* Cette peine ne sera supprimée qu'en 1602.

Mais, bien souvent, le boulanger fautif s'expose à une publicité dont il se passerait volontiers. Ainsi, le 30 octobre 1521, quatre boulangers parisiens furent condamnés *"à être menés par les sergens depuis le Chastelet jusqu'au parvis de Notre-Dame, nus testes, tenant chacun un cierge de cire du poids de deux livres allumé, et là, demander pardon à Dieu, au roi et à la justice des fautes par eux commises en la façon et au poids de leur pain ; que ce fait, ils seraient conduits dans l'Église, et y offriraient leurs cierges, pour y brûler jusqu'à ce qu'ils fussent consumez ; avec injonction à tous les boulangers de faire leurs pains du poids et de la qualité requises par l'ordonnance, à peine de fouet".* Le cortège empruntait les axes les plus fréquentés afin d'exposer les fautifs à la risée du public qui ne se faisait pas prier pour les accabler d'injures diverses tandis que des coups de verges pleuvaient sur eux. À propos d'un autre boulanger condamné à une peine identique pour les mêmes motifs en 1525, la cour *"ordonne que le prisonnier, pendant l'exécution de cette sentence, aura plusieurs petits pains pendus autour du col"*, ajoutant de la sorte une touche ironique à la peine.

Parfois, le boulanger était interdit d'exercice pour une durée variable et voyait sa boutique murée par la force publique. À moins que le tribunal ne décidât carrément la destruction du four. Tel boulanger de Dijon est condamné en 1636 *"à être mis au carcan pendant trois heures avec un pain pendu au cou, pour avoir vendu deux sous et demi la livre de pain taxée à deux sous"* et menacé du fouet en cas de récidive. Il arrive même que toute la famille du boulanger soit condamnée. Comme ce Lartigue, boulanger parisien poursuivi pour la cherté de son pain et *"conduit à la prison du Châtelet avec sa femme et ses enfants et sa boutique murée pendant quatre mois"*. Tout un cortège tumultueux se rendait à la boulangerie qui devait être murée : le commissaire et un groupe de maçons étaient suivis d'une foule presque joyeuse. Mais l'exemple le plus cocasse est celui d'un boulanger du faubourg Saint-Antoine dont *"la boutique et la porte furent murées ; et lui et sa femme furent enfermés dans la boutique, ou on leur donnait du pain et de l'eau pour leur subsistance, par un trou qu'on avait fait entre deux soliveaux du plancher de la chambre qui était au-dessus de la boutique"*.

LE TRAVAIL DE NUIT

Le travail de nuit a lui aussi alimenté de nombreuses controverses. Jusqu'à l'époque de Saint Louis, les métiers vivent au rythme des offices religieux. C'est par dérogation que les boulangers peuvent travailler dans la nuit de dimanche à lundi après le repos dominical obligatoire. En 1322, une ordonnance autorise le travail de nuit les autres jours. Une ordonnance prise à Châlons-sur-Marne en 1463 oblige les boulangers à cuire leur pain de nuit afin de ne pas provoquer de mouvements d'humeur des consommateurs. Le pain doit être disponible à partir d'une heure fixée par les autorités habilitées qui vont même parfois jusqu'à contraindre les boulangers à offrir le pain ordinaire une ou deux heures plus tôt que le pain de luxe. Des ouvriers demandant la suppression du travail de nuit en 1872 donnèrent leur version de l'origine du travail de nuit : *"C'était sous Louis XVI. Un patron boulanger de la rue de la Ferronnerie, mû par l'envie d'une concurrence intelligente, voulut avoir du pain frais le matin avant son confrère d'à côté, et fit commencer le travail à ses ouvriers une heure plus tôt, c'est-à-dire à six heures du matin au lieu de sept heures. Celui-ci, à son tour, ne voyant pas plus loin, du reste, les fit mettre à la besogne à cinq heures ; ensuite l'autre à quatre heures. Les autres boulangers suivirent cet exemple. De quatre heures du matin, on descendit à*

trois heures, et ainsi de suite, de boulanger en boulanger, jusqu'à ce que le jour entier eût été remplacé par la nuit entière."* Une plaquette intitulée *La misère des garçons boulangers de la Ville et faubourgs de Paris* rééditée en 1715 se fait l'écho des doléances des ouvriers boulangers sur le sujet :
"On n'a point fait pour nous l'ordre de la nature ;
La nuit, temps de repos, est pour nous de torture
…On commence chez nous dès le soir les journées,
On pétrit dès le soir la pâte des fournées :
Arrive qui voudra, faut, de nécessité,
Passer toutes les nuits dans la captivité
…Cependant que chacun se fagote en son lit
… On vient dès le matin
Nous étourdir la tête et demander du pain."

LE DÉCRET BALLADUR

La loi du 1er août 1905 puis les différents décrets d'application qui l'ont suivie, sont essentiellement consacrés à la répression des fraudes et à l'établissement des listes de produits autorisés pour l'alimentation humaine. Aujourd'hui, le métier de boulanger est régi par un code des usages dont la rédaction a donné lieu à une très longue concertation des professionnels et des pouvoirs publics. N'ayant pas force de loi, il n'a pas permis d'éviter la dégradation de la qualité et la naissance des terminaux de cuisson. Il a néanmoins été utilisé pour l'élaboration du décret du 13 septembre 1993 pris par M. Édouard Balladur.

L'irruption de chaînes de magasins dont les noms évocateurs ne servent qu'à duper le consommateur a créé une situation totalement anarchique. Telles ces *boulangeries* dont l'enseigne bucolique fleure bon le terroir alors qu'elles ne sont en fait que des points de vente de pains industriels ou de pâtons surgelés, cuits dans des terminaux. Quand il existe, leur matériel se limite à un congélateur, un four et, surtout un comptoir sur lequel trône la caisse enregistreuse. C'est vainement qu'on y chercherait le moindre pétrin ou la plus petite trace de farine. Pour tromper un peu plus le chaland, on s'ingénie à agencer ces points de vente pour que des fours *rustiques* soient visibles de tous. Mais, c'est la nuit venue que des camions frigorifiques les approvisionnent discrètement de pâtons surgelés fabriqués à la chaîne. Triste qualité, triste baguette que n'améliore pas le simple étui à la mode dans lequel on la présente parfois.

Le premier article du décret Balladur est destiné à distinguer les vrais boulangers de ces cuiseurs de pains industriels. Il stipule que : *"Peuvent seuls être mis en vente ou vendus sous la dénomination de : "pain maison" ou sous une dénomination équivalente les pains entièrement pétris, façonnés et cuits sur leur lieu de vente au consommateur final."*

L'article 2 fixe les conditions requises pour certaines appellations plus limitatives : *"Peuvent seuls être mis en vente ou vendus sous la dénomination de "pain de tradition française", "pain traditionnel français", "pain traditionnel de France" ou sous une dénomination combinant ces termes les pains, quelle que soit leur forme, n'ayant subi aucun traitement de surgélation au cours de leur élaboration, ne contenant aucun additif et résultant de la cuisson d'une pâte"* devant être *"composée exclusivement d'un mélange de farines panifiables de blé, d'eau potable et de sel de cuisine"* La fermentation doit être obtenue par l'action de levure de panification (Saccharomyces cerevisiae). Les seuls améliorants autorisés sont la farine de fève (2 %), la farine de soja (0,5 %) et la farine de malt de blé (0,3 %).

Un tel décret a le mérite d'aider le consommateur dans ses choix et l'amateur de bon pain ne peut que se réjouir de ce premier pas. Les limites du décret sont déjà décelables. Dans la volonté d'induire le consommateur en erreur, certains terminaux de cuisson n'hésitent pas à afficher : pain cuit sur place. Mais rien n'indique au consommateur par quelle usine à pain le four est approvisionné. Ils contournent le décret en vendant tel pain rustique ou à l'ancienne. Derrière ces qualificatifs, le client ne trouvera souvent que des produits destinés à tromper sa vigilance en jouant sur sa crédulité.

L'AVENIR

Les pouvoirs publics parviendront-ils à mettre au point une réglementation susceptible de satisfaire les attentes légitimes des consommateurs exigeants et le désir justifié des boulangers de se voir reconnaître la place qui leur revient ? D'autant que l'ouverture des frontières et la mise au point de textes par la CEE ne vont certainement pas faciliter cette tâche déjà bien difficile. Les pratiques boulangères sont très différentes des nôtres en Europe du Nord. Déjà, des pains provenant d'autres pays de la Communauté se retrouvent dans les supermarchés.

Créé voilà plus de cinquante ans pour régir les usages en matière d'appellations de vins et eaux de vie, l'Institut national des appellations d'origine a vu sa compétence s'étendre à l'ensemble des appellations d'origine contrôlées. À l'heure où les frontières s'effacent, ne serait-il pas opportun de songer à des solutions originales permettant de préserver cette partie de notre patrimoine national qu'est la baguette de tradition ? Ne serait-il pas possible aux responsables de l'INAO d'imaginer un mode de fonctionnement qui tienne compte des bouleversements opérés dans notre économie par les fonctionnaires bruxellois ? Quel encouragement pour les artisans boulangers de tradition dont le travail serait ainsi reconnu à sa juste mesure ! Et quel bonheur pour l'amateur de baguette protégé des marchands d'illusions et de baguette triste !

LE PAIN DES DIEUX

Depuis qu'il existe, le pain est l'objet d'un respect teinté d'adoration que lui vouent les hommes qui le consomment. Plusieurs raisons expliquent ce phénomène. La seule activité de nos plus lointains ancêtres était d'assouvir leur faim grâce à la cueillette et à la chasse. La découverte et la maîtrise de l'agriculture ont eu pour effet de les sédentariser. Mais l'autre conséquence, et non la moindre, est l'affranchissement de l'obsession de la quête quotidienne de nourriture. Désormais, l'homme peut stocker le produit de ses récoltes et y puiser selon ses besoins au fil des saisons. De plus, il constate que, contrairement aux autres aliments, les céréales n'entraînent pas de maladies qui surviennent parfois lorsque l'on se nourrit de viande, de poissons, voire de légumes. Seuls des dieux bienveillants, attentifs au bien-être des hommes et soucieux de leur existence pouvaient leur prodiguer de tels bienfaits. Tout paraissait miraculeux aux premiers témoins de la germination d'une graine qui se transforme en plante avant de mourir en automne pour ne renaître qu'au printemps. Cette résurrection annuelle de la terre et de ses fruits a donné naissance à une multitude de divinités dans toutes les religions de l'antiquité qui, toutes, associent la terre nourricière à la mère.

L'ANTIQUITÉ

Osiris, dieu agraire dont l'un des emblèmes était l'épi de blé, fut découpé en quatorze morceaux jetés dans le Nil. Son épouse Isis, déesse de la fertilité, reconstitua le corps de son bien-aimé et le ressuscita, comme la graine semée donne une plante lorsque le fleuve, quittant les plaines inondées, regagne son lit. Dans le panthéon égyptien, l'union de Rênênou-let, la déesse des moissons avec Min le dieu des labours, le *maître générateur*

donna naissance à un enfant, baptisé *Nêpi* (esprit de blé) qui était un principe de vie. Les Égyptiens vouaient un tel culte aux céréales et au pain qu'ils n'imaginaient pas les morts capables de gagner l'au-delà sans les provisions de blé et de pain déposées dans leurs tombes. Les Babyloniens, les Perses et les Hébreux rendent hommage à leurs dieux pour les bienfaits du pain.

Les Grecs annexeront des mythes orientaux en faisant de Déméter une de leurs divinités majeures. Les Béotiens l'appelaient *Mégalartio, maîtresse des grands pains*, alors qu'à Syracuse, elle portait le nom d'*Himalis*, la *boulangère*. Elle est la sœur de Poséidon, d'Hadès et de Zeus. Le roi de l'Olympe, *dieu du pain et du vin, dieu de la mort et de la résurrection*, tombe amoureux d'elle. Prenant l'apparence d'un taureau, il arrive à ses fins. De leur union naît une fille appelée *Coré* (jeune fille, en grec ancien). Elle grandit en Sicile et est remarquée par son oncle Hadès, qui règne sur le royaume des morts. Alors qu'elle cueille des fleurs, le sol s'ouvre et elle disparaît dans un cri que l'univers entier peut entendre.

Désespérée, Déméter n'a de cesse que de retrouver sa fille dont le cri la hante. Elle court le monde, une torche dans chaque main, à la recherche d'un indice sur l'identité du ravisseur. Découvrant qu'il s'agit de son propre frère, elle décide de renoncer à ses prérogatives divines et de rester sur la terre jusqu'à la libération de sa fille bien aimée. Délaissée par Déméter, la terre devient inculte et menace hommes et bêtes de famine. Zeus, conscient des désordres pouvant résulter d'une telle situation, presse son frère de renoncer à Coré. Un compromis est trouvé et il est décidé que Perséphone pourra partager son temps entre sa mère et son infernal époux à la condition que Déméter reprenne sa place dans l'Olympe et ses attributions de déesse. Dorénavant, Déméter peut avoir sa fille auprès d'elle du printemps jusqu'aux moissons, assurant ses fonctions nourricières qu'elle interrompt dès que Perséphone rejoint son époux dans les Enfers pour l'automne et l'hiver stériles.

Avant de quitter Éleusis où elle s'était réfugiée, elle charge Triptolème de répandre la culture du blé dans le monde. Décrits par Pindare et Sophocle dès le Vᵉ siècle av. J.-C., les mystères d'Éleusis initiaient les fidèles aux rites de passage du monde des vivants dans celui des morts, préfigurant la notion de paradis qu'allait développer le christianisme.

LA BIBLE ET LE PAIN

La religion juive accorde au pain une place dans le rituel même depuis que Moïse a établi l'usage des *pains de proposition* placés dans l'autel des temples pour être présentés à l'Éternel. Béthléem qui, selon les Écritures, vit naître Jésus signifie *maison du pain* en hébreu, préfigurant le rôle primordial du pain dans la tradition chrétienne. C'est environ cinq cents fois que le pain est cité dans les Saintes Écritures.

Pain bien matériel tout d'abord, préoccupation majeure des gens du peuple. Les épisodes les plus connus sont ceux où, à deux reprises, le Christ multiplie les pains. Le plus beau récit en est fait par l'Évangile selon saint Jean. Il relate la première multiplication des pains et des poissons. À la suite de la guérison miraculeuse d'un infirme à Jérusalem, Jésus s'était retiré dans un endroit désert aux environs de Bethsaïde, suivi par une foule nombreuse. *"Un de ses disciples, André,... lui dit : "Il y a ici un enfant qui a cinq pains d'orge et deux poissons ; mais qu'est-ce que cela pour tant de monde ?" Jésus leur dit : "Faites s'étendre les gens".* Il y avait beaucoup d'herbe en ce lieu. Ils s'étendirent donc, au nombre d'environ cinq mille hommes ; Alors Jésus prit les pains et, ayant rendu grâces, il les distribua aux convives, de même aussi pour les poissons, autant qu'ils en voulaient. Quand ils furent repus, il dit à ses disciples : "Rassemblez les morceaux en surplus afin que rien ne soit perdu.""* Douze paniers furent remplis par les morceaux de pain restant.

Pain spirituel ensuite lorsque Jésus, au lendemain de la première multiplication des pains, annonce à Capharnaüm : *"Mon Père vous donne le vrai pain du ciel car le pain de Dieu est celui qui est descendu du ciel et qui donne la vie au monde... C'est moi qui suis le pain de vie. Celui qui viendra à moi n'aura pas faim et celui qui croira en moi n'aura jamais soif."* Cette sacralisation du pain aboutira dans la Cène lorsque le Christ annoncera aux douze apôtres assemblés autour de lui : *"Pendant qu'ils mangeaient, Jésus prit du pain, le rompit après avoir dit la bénédiction et le donna à ses disciples en disant : "Prenez, mangez, ceci est mon corps""* (*Évangile selon saint Mathieu*). L'hostie consacrée lors des offices perpétue, pour les chrétiens, cet épisode de la vie du Christ, sacrifié pour sauver ses semblables et leur porter la bonne nouvelle.

Si les hommes d'aujourd'hui prennent moins souvent le chemin de l'église que leurs ancêtres, ils n'en ont pas pour autant totalement perdu le respect dû au pain. Ainsi, l'idée même de jeter du pain rebute nombre de nos contemporains qui n'envisageraient même pas d'en donner les restes aux animaux.

Pour certains, le fait de tracer une croix sur le pain avant de l'entamer est censée combattre son rassissement. Mais, pour la plupart des croyants, ce geste familier a pour origine une légende ayant trait à la Vierge. De passage sur Terre, elle demanda la charité à une vieille veuve dans la misère. Celle-ci ne put que lui proposer de partager un maigre quignon de pain. Après y avoir tracé une croix à l'aide du couteau, la mère du Christ entreprit de le couper. Elle eut beau en prélever de nombreuses tranches, la taille du morceau de pain ne diminuait pas.

CROYANCES ET SUPERSTITIONS

On ne pose pas le pain sur le dos. Dans l'Antiquité, le pain ainsi retourné, était censé attirer les esprits du royaume des morts. À présent, cela porte tout simplement malheur. Le même geste revêt un autre sens lorsque l'on est invité chez quelqu'un : on lui signifie qu'il gagne son pain en dormant. Quant à la jeune fille qui le retourne après l'avoir coupé, elle s'attire invariablement cette question dans certaines régions : *"Est-ce de ce côté-là que tu le gagnes ?"*

Une autre superstition, celle du *pain saignant*, remonte elle aussi à l'Antiquité. En 331 av. J.-C., les armées d'Alexandre le Grand faisaient le siège de Tyr. L'apparition de traces rouges dans leur pain fut interprétée comme un mauvais présage des puissances divines. Mais un prêtre se voulant rassurant expliqua que c'étaient les assiégés qui avaient tout à craindre puisque les taches se trouvaient dans le pain. C'est en 1848 qu'un chercheur allemand attribua cette manifestation à une bactérie qu'il réussit à isoler. Auparavant, le même phénomène avait été la cause de nombreux pogroms. Des milliers de Juifs, rendus responsables de l'apparition de telles taches sur des hosties, furent massacrés à partir du treizième siècle.

Une autre malédiction du pain fut responsable de milliers de morts au Moyen Âge, le mal de Saint-Antoine. Le pain de seigle, contaminé par un champignon très vénéneux était la cause de l'ergotisme, une maladie bien souvent fatale connue des Romains. Elle fit des ravages dans tout le pays du Xe au XIVe siècle, le dernier cas connu remontant seulement aux lendemains de la dernière guerre. Chaque fois, on rendait de prétendues sorcières responsables de son apparition avant de les brûler.

LES MOTS ET LE PAIN

Le mot désignant le pain a connu de nombreuses métamorphoses. Du sanskrit *pa* on passe au latin *panis*. Lui-même se transforme en *pan* pour les Français qui ne prononcent *pain* que depuis le XVIIe siècle. La même racine indo-européenne a donné naissance aux mots latins *pabulum* (fourrage) et *pascere* (paître). L'importance du pain dans la vie même de l'homme, au-delà de sa seule alimentation, a donné naissance à une multitude d'expressions passées dans le langage courant.

Pour les Chinois, le même mot est employé pour désigner à la fois le riz et la nourriture. De même, dans notre civilisation, le mot *pain* sert à qualifier toutes les nourritures du corps de manière générique. Du pain qu'Adam et Ève durent gagner à la sueur de leur front après leur exclusion de l'Éden au pain quotidien demandé dans le Pater Noster, la religion elle-même l'a consacré. Le Christ les multiplia aux noces de Cana et en fit un élément de la liturgie au travers de l'eucharistie. On appelle aussi les hosties *pain des anges*.

Pas un domaine de notre vie n'échappe aux expressions dérivées du pain. L'alimentation et les dictons purement professionnels s'imposent tout d'abord à l'esprit. Puis, les phrases consacrées par l'histoire et devenues célèbres ou les dictons passés dans le langage courant. Le pain a servi à décrire les qualités ou les travers des hommes. Il s'est insinué dans de nombreuses actions de la vie quotidienne, allant jusqu'à se mêler de notre vie privée. Mais c'est l'argent qui se taille la part du lion dans ce hit-parade des expressions faisant référence au pain.

En Auvergne, le *companage* est la garniture de lard ou de fromage qui accompagne le pain. Ce terme sonne comme *compagnon* qui s'est mué en *copain* et qui, à l'origine, qualifiait celui avec lequel on partage le pain. Avec des amis, on *casse la croûte*, par référence à celle du pain que l'on rompt. Qui veut faire savoir qu'il est rassasié pourra, comme en Auvergne, dire qu'il *est pagné*. S'il est bien traité, particulièrement dans le domaine de la table, il *sera comme un coq en pâte* et *croîtra comme une pâte en maie* avant de *s'empâter*.

En revanche, s'il se trouve dans le plus profond dénuement et va *faire la guerre au pain*, comme on le disait des pauvres hères rentrant chez eux le ventre vide, la formule : *"à qui a faim, tout est pain"* prend tout son sens. Celui qui est témoin des plaisirs d'autrui sans même pouvoir en *ramasser les miettes, mange son pain à la fumée du rot*. Il est encore plus malheureux que celui qui *mange un pain trempé de larmes*. Quant à l'expression : *"être au pain sec et à l'eau"*, elle n'est, le plus souvent, qu'une menace pour de vilains garnements que n'effraient pas l'invocation du père fouettard ou des sorcières.

Pour ne point sombrer ou pour sortir au plus vite de la *mouise* (qui provient d'un mot allemand signifiant bouillie) et ne pas *être dans la panade* ou *dans le pétrin*, il importe de *gagner sa croûte*.

Plutôt que de *mendier son pain, manger le pain des autres* ou *être en pain de père et de mère* (comme les enfants devenus grands et demeurant à la charge de leurs parents) et *ne pas valoir le pain que l'on mange*, on mérite le sien grâce à un *gagne-pain*. *Avoir du pain sur la planche* conduit inéluctablement à *mettre la main à la pâte* quitte à *être vanné*. Il n'aura pas le temps de *s'embêter comme une croûte de pain derrière une malle*.

Seul *le pain du paresseux est pétri avec de l'eau raide* (il faut bien des efforts pour donner une consistance à la pâte). Chacun sait que *le levain de son voisin ne fermente pas pour lui* et que *si son pain est trop dur, c'est qu'il le veut bien* : on trouve toujours de l'eau pour le tremper. Et même si *pain dérobé réveille l'appétit*, il est préférable de *ne pas manger de ce pain-là*, sous peine de *manger du pain du roi*, ainsi qu'on le disait des condamnés sous l'Ancien Régime. La dignité de l'homme est à ce prix.

Si l'orphelin, qui *est né avant son pain*, ne peut *avoir son pain cuit d'avance* (hériter), il peut espérer croiser la route de quelqu'un qui lui *mettra le pain à la main* (l'aidera à démarrer une entreprise) ou lui *offrira le pain tout beurré* (facilitera la réalisation de ses projets). Car, dans quelque domaine que ce soit, il importe de *savoir de quel côté son pain est beurré* (connaître son intérêt). En persévérant, notre orphelin inventera un objet qui *s'enlèvera comme des petits pains*. Même si c'est *du pain bien long* (une entreprise longue et délicate), il n'aura pas *mangé son pain blanc avant son pain noir*. Mais, malheureusement, certains ne peuvent profiter du fruit de leur labeur après une vie de privations : *ils ont du pain quand ils n'ont plus de dents*. Jamais ils ne *mettront du beurre sur le pain*.

Les portes du Paradis restent closes à celui *qui donne le pain au bout d'une fourche* et les voraces, *qui ne laissent que des miettes* à leurs semblables, ne pourront pas non plus infléchir saint Pierre. Car l'avarice est souvent fustigée dans des expressions liées au pain. L'avare est d'ailleurs appelé *pain dur* en regard des quignons de pain rassis qu'il mange jusqu'au dernier. *Manger son pain dans son sac* s'applique aussi bien à un avare qu'à un misanthrope vivant à l'écart du monde. *Ne pas perdre une miette de quelque chose* porte autant sur les objets que sur les idées. Mais, heureusement, certains, plutôt que de *retirer le pain de la bouche* de leur prochain, préfèrent se priver pour le

lui offrir. De ceux-là, on dit qu'ils sont *bons comme du bon pain* ou *bonne pâte*, même si cette dernière expression a quelquefois une connotation ironique. Si l'avarice est un vilain défaut, il n'est pas interdit de faire des affaires en *achetant quelque chose pour une bouchée de pain*.

PETITS TRAVERS ET GROS DÉFAUTS

Les dépensiers impénitents ne sont pas oubliés non plus. Celui qui *ne mange pas son pain dans sa poche*, est soit dépensier soit généreux. L'expression *pain tendre et bois vert mettent les maisons au désert* se rapporte aux dépenses mal entendues qui amènent la ruine.

Les escrocs en tout genre ont eux aussi inspiré la sagesse populaire. Il y a ceux qui s'y entendent à escroquer leur prochain en *lui faisant une tartine de son propre beurre* (donner à quelqu'un ce qui lui appartient déjà). Et ceux qui *promettent plus de beurre que de pain* (faire miroiter des bénéfices illusoires). Il importe de se méfier de ceux qui annoncent *ça ne mange pas de pain*, car la crédulité d'autrui, c'est *pain béni* pour tous les escrocs.

Les mauvais garçons ne sont pas loin et, avec eux, le langage argotique. *Grossier comme un pain d'orge*, le malandrin distribue les *pains* et les *avoines* (coups). Pour son estomac, il parle de *cage à pain* et ne va voir des *croûtes* (par allusion au vernis qui s'écaille sur les tableaux) que lors de visites nocturnes entrant dans le cadre de ses activités. Au cours de ses repérages, il ne craindra pas de *se geler les miches*. Si pour d'autres une *tartine* est un long discours ou écrit, le coquin désigne ainsi un pied ou une chaussure. Plus d'une fois dans sa carrière, il *fera passer le goût du pain* à qui lui barrera la route (il le tuera). S'il mange du *pain de fesses* ou du *pain de Jules*, c'est un proxénète. S'il ne prend pas garde, il risque de *s'encroûter* et, dans ce cas, *il est cuit*.

LE PAIN, LA VIE ET L'AMOUR

Embrasser comme du bon pain, c'est y mettre tout son amour, prendre son plaisir en cachette est *pain dérobé. Avoir le petit pain* signifie être en érection alors que l'on dit de la fille-mère qu'elle *emprunte un pain sur la fournée*.

Au Québec, une jeune fille voulant éconduire un prétendant lui glisse une poignée d'avoine dans la poche. *Faire manger de l'avoine* à quelqu'un, c'est l'humilier. *Une pâte molle* ou un personnage *à la mie de pain* est sans consistance. Est *enfariné* celui qui se grime pour changer d'apparence ainsi que celui qui a été trompé ou a des ennuis. *Bête à pain, Jean Farine, croûton* sont autant de synonymes d'imbécile. *Qui a une tête de beurre ne doit pas s'approcher du four* appelle chacun à connaître ses propres limites pour ne point subir de désagréments. Celui qui arrive *le bec enfariné* est un être naïf ou inconscient toujours prêt à *faire une boulette*.

Qui a *la moitié de son pain cuit* a déjà vécu la moitié de sa vie. Il a *mangé de plus d'un pain* indique que l'on a affaire à un homme d'expérience qui sait qu'*on ne peut pas souffler et manger de la farine en même temps. Il sait son pain manger, il sait plus que son pain manger* nous indique qu'il distingue fort bien son intérêt. S'il est superstitieux, il n'ignore pas que *marcher sur du pain* porte malheur. Mais *l'homme ne vit pas que de pain*. Ces jours-là, il *mange de la miche* ("*être heureux*", en parler morvandiau, à cause du plaisir éprouvé à manger du pain fait par le boulanger, par opposition au pain domestique bien plus rustique). Un proverbe ne dit-il pas : "*il vaut mieux aller au boulanger qu'au médecin*" car les journées où l'on est alité et malade sont *longues comme un jour sans pain* ?

Tout comme le céréalier n'ignore pas que *de mauvais grain, jamais de bon pain*, le boulanger sait qu'*à mal enfourner,* *on fait des pains cornus* ou qu'*une bonne fournée vaut un gain de cent sous. La gâche* est le gâteau que confectionne le mitron avec les restes de pâte additionnés de sucre, de beurre, d'œufs... La position qu'occupent les boulangers dans la communauté a également inspiré des expressions où pointent la malveillance ou la méfiance à leur égard. *Plaider avec le boulanger, c'est avoir faim* voudrait laisser supposer que sa richesse lui permet de corrompre n'importe quel magistrat. Mais nous avons vu que les hommes de loi ne peuvent être soupçonnés de complaisance à l'égard d'une profession qui a de tous temps supporté des règlements tatillons.

LES MOTS HISTORIQUES

Enfin, le pain est un acteur central de l'histoire des hommes. Que de jacqueries, de révoltes, de révolutions doivent leur survenance à son manque ou à sa cherté. Certaines phrases son demeurées célèbres. Dans la Rome antique, l'empereur Aurélien assura le pain gratuit aux nombreux habitants désœuvrés que comptait la capitale de l'Empire. Le Sénat, quant à lui, offrait les jeux du cirque à cette *plebs frumentara*, garantissant ainsi la paix civile. Aussi, dans ses satires, Juvénal raille-t-il ses contemporains décadents, "*Tourbe dégénérée des enfants de Rémus*" qui ne se préoccupaient que de leur ventre et des jeux : "*Le peuple romain qui, en d'autres temps, distribuait magistrature, faisceaux, légions, s'est fait plus modeste : ses vœux anxieux ne réclament plus que deux choses, son pain et le cirque.*" La phrase attribuée à Marie-Antoinette : "*S'ils n'ont pas de pain, qu'ils mangent de la brioche*", tient, au moins dans nos esprits, une place de choix dans le déclenchement de la Révolution française. Plus près de nous, Karl Marx promit *du pain et des roses* alors que le Front populaire prit pour devise : "*le pain, la paix, la liberté*", associant ainsi tout ce que l'on peut souhaiter de meilleur aux hommes.

DU PAIN À L'ART

De l'artisanat à l'art, il n'y a qu'un pas que franchissent allégrement les boulangers qui réalisent de véritables sculptures de pâte cuite. Gerbes de blé, animaux familiers, personnages ou masques s'offrent au regard du flâneur qui s'attarde devant leurs vitrines. Souvent, ces compositions représentent de véritables scènes parfois rehaussées par l'utilisation de couleurs. On peut également relever le goût des boulangers pour le beau dans l'agencement de boutiques dont la décoration est confiée à de véritables artistes. Les trop rares peintures sur verre qui ornent encore les devantures des boulangeries que l'on a su préserver des modes du formica anonyme sont là pour en témoigner. Tout comme les divers ouvrages en fer forgé ou les faïences multicolores dépeignant des atmosphères champêtres ou des scènes du métier de boulanger. Sans parler des bannières que les corporations font réaliser depuis le Moyen Âge. Certaines ont, à juste titre, pris leur place dans des musées.

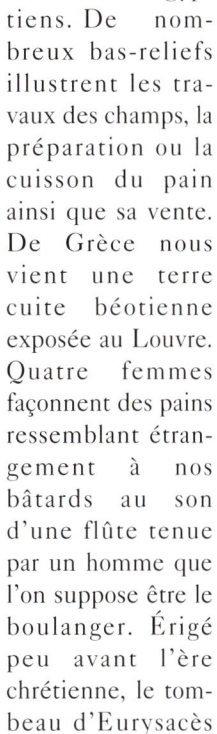

Cette présence des arts dits populaires dans les boulangeries est prolongée par la représentation du pain et de tout ce qu'y s'y rapporte dans l'ensemble des arts. De la peinture à la littérature, du vitrail à la sculpture en passant par la poésie, le cinéma, le théâtre ou la télévision. Tous les créateurs ont ainsi marqué l'importance qu'ils attachaient au pain et à celui qui le fait en leur rendant un hommage mérité. Honoré de Balzac ne s'est pas trompé en écrivant dans son *Traité des excitants modernes* : *"Les céréales ont créé les peuples artistes."*

LA SCULPTURE

C'est tout naturellement que les premières représentations du pain qui ont traversé le temps sont dues aux Égyptiens. De nombreux bas-reliefs illustrent les travaux des champs, la préparation ou la cuisson du pain ainsi que sa vente. De Grèce nous vient une terre cuite béotienne exposée au Louvre. Quatre femmes façonnent des pains ressemblant étrangement à nos bâtards au son d'une flûte tenue par un homme que l'on suppose être le boulanger. Érigé peu avant l'ère chrétienne, le tombeau d'Eurysacès détaille dans des frises l'ensemble des activités liées à la boulangerie dans la Rome antique : depuis la mouture du blé dans un moulin de pierre dont la meule est actionnée par un cheval, jusqu'à la vente du pain, tout est décrit minutieusement comme dans un reportage photographique : le pétrissage assuré par une machinerie actionnée par des chevaux, le façonnage des miches et leur cuisson dans un four.

Depuis le Moyen Âge, on ne compte pas les sculptures de saint Lazare ou de saint Honoré, choisis comme saints patrons par les boulangers. Une partie importante des contributions versées par les boulangers à leurs confréries étaient destinées à célébrer leur culte. Un portail de la cathédrale d'Amiens, ville dont il fut évêque, retrace la vie de saint Honoré. De nombreux bas-reliefs ont pour thème des scènes de moisson, ou des épisodes de la vie du Christ, comme la multiplication des pains. Créée au XIᵉ siècle, une des plus anciennes confréries, celle de Chartres, contribua à la construction de la cathédrale, dont des vitraux dépeignent le travail dans les fournils. La cathédrale Saint-Julien du Mans est également ornée de vitraux similaires payés par les boulangers de la ville.

Plus près de nous, les plasticiens américains ont, à partir des années 60, utilisé le pain dans de nombreuses œuvres. Piero Manzoni illustre les pains italiens au début de la décennie. Roy Lichtenstein crée son *hot dog* en 1963. Claes Oldenburg, sculpteur suédois, intègre les pains de son pays à une œuvre monumentale quelques années plus tard. Dans *Supermarket Lady* de l'artiste hyperréaliste américain Duane Hanson, c'est un caddie plein de pain que pousse la cliente d'un supermarché. Un pain de bois découpé en tranches est sculpté par Vanarski. Depuis 1958, Man Ray met les baguettes à l'honneur dans diverses œuvres ayant le même titre : *Pain peint*. Il utilise le polyester pour mouler une baguette bleue grandeur nature. Avec Xigra, la baguette est traversée par des clous alors que Raymond Mason place un personnage portant une baguette sous le bras dans une œuvre monumentale sur le départ des Halles de Paris.

LA PEINTURE

La religion a toujours été une source d'inspiration pour les peintres qui ont illustré des passages de l'Ancien Testament ou des Évangiles. Dans *Abraham recevant les anges*, de Jean Restout (1740),

le patriarche lave les pieds de ses visiteurs tandis qu'un serviteur tient du pain à leur disposition sur un plat. En 1630, dans le tableau *Esaü cède son droit d'aînesse à Jacob*, Michel Corneille n'omet pas de représenter le pain accompagnant immanquablement le plat de lentilles qui servit pour la transaction. Le prophète Élie se retrouve à la fois dans *Élie nourri par l'ange* de Laurent de la Hyre et dans *Le songe d'Élie* de Philippe de Champaigne. Chaque tableau accorde une place au pain. La Cène, où le Christ rompit pour la dernière fois le pain avec ses disciples, a été peinte par de très nombreux artistes de Léonard de Vinci à Salvador Dali en passant par le Tintoret ou Philippe de Champaigne. Le Titien, quant à lui, choisit d'évoquer *Le souper à Emmaüs* dans son célèbre tableau exposé au Louvre. La fuite d'Égypte et la traversée du désert par les Hébreux nourris de la manne céleste ainsi que la multiplication des pains sont également représentées dans de nombreuses œuvres de même que la bénédiction du pain ou son partage. *Sainte famille* de Charles Le Brun représente la bénédiction du pain à la table de Joseph et de Marie. Michel Fronti nous montre une œuvre charitable dans *L'œuvre de la bouchée de pain à Marseille*. L'un des intérêts de tous ces tableaux réalisés à diverses époques par des peintres de toutes nationalités est de nous présenter les pains contemporains de ces œuvres.

Raphaël mériterait ici une place à part. Car, si le peintre a célébré la boulangerie dans *La fornarina*, ce tableau qui nous montre une belle boulangère eut en son temps une odeur de soufre puisque celle qui lui servit de modèle, fille de boulanger, était également sa maîtresse et qu'il la fit poser pour de nombreuses autres toiles.

Les frères Le Nain ont su décrire avec pudeur et vérité la détresse des pauvres gens de leur époque. Ces paysans auxquels le pain manque si souvent qu'ils en connaissent la valeur, Louis Le Nain nous les restitue sans fard dans le *Repas de paysans* ou dans la *Famille de paysans dans un intérieur*. A un siècle d'intervalle, Jean-Baptiste Siméon Chardin met son talent au service du pain dans *La pourvoyeuse* ou *Les aliments de la convalescence*.

Millet se fera le chantre du labeur des paysans pour nous procurer la matière première de notre pain quotidien. Manet le fait figurer sur son tableau *Le déjeuner sur l'herbe*, qui fit scandale lors de sa première exposition. La présence du pain va de soi dans les nombreuses natures mortes de l'école hollandaise mais ce sont les impressionnistes et ceux qui les suivirent qui surent donner au pain une place centrale dans leurs œuvres. Paul Cézanne, Henri Matisse, André Derain l'ont représenté à plusieurs reprises. Picasso dans *Compotier et pain* ou Salvador Dali et sa *Corbeille à pain* en font l'objet principal de leurs toiles. En 1952, Jean Hélion peint sa *Tablée de pain*. Six ans plus tard, René Magritte rend hommage à la baguette dans trois toiles : *Légende dorée*, *La force des choses* et *L'ami intime*.

Ce rapide tour d'horizon serait incomplet s'il ne mentionnait des toiles qui ont, en quelque sorte, fait la promotion du pain dans une alimentation équilibrée. Marie Renard dans *Le casse-croûte*, Maurice Denis dans *Le goûter*, Martine dans *Le petit déjeuner* et Édouard Vuillard dans *Le déjeuner du matin* réservent au pain la place qu'il mérite dans leurs compositions. Enfin, les peintres n'ont pas oublié ceux qui pourvoient à leur nourriture. Brueghel le Jeune dans *Le repas des moissonneurs* les peint dans la quiétude d'un champ entouré de verdure alors qu'ils s'accordent une pause en dégustant leur fromage sur de larges tranches de pain. Jean Michelin nous présente son *Marchand de pain* (1650), Albert Dubois-Pillet nous restitue *La porteuse de pain* en 1888 et vers 1911, Eugène Martel situe *Le mitron* dans son élément.

LA LITTÉRATURE

Passer du fournil à la table de l'écrivain est l'aventure de Bernard Clavel, ouvrier boulanger devenu l'un de nos auteurs les plus lus. Le romancier de renom a rendu hommage à son métier passé en écrivant *Marie bon pain* en 1980 : *"Si les femmes étaient compagnons, toi tu serais compagnon du fournil et de l'âtre. On t'appellerait Marie bon pain. Parce que le bon Dieu t'a sûrement expédiée sur la terre pour que les autres aient toujours du pain qui ne soit pas amer."*

La place du pain dans la poésie et la littérature est à la mesure de son importance dans notre vie. Auteurs illustres ou mains anonymes comme celle qui grava : *"Donne du pain à celui qui n'a pas de champ pour que ton nom soit glorifié pour l'éternité"* sur un tombeau égyptien. Ou comme le poète hindou qui écrivit :
"C'est pour le pain que la marchand s'échine,
Que le mendiant se traîne de porte en porte,
Que le matelot avale le flot salé.
Ici et là, il faut du pain partout
La grue sauvage ne voit du piège perfide
Que son appât : le pain. La faim commande.
C'est pour le pain qu'on meurt dans les batailles,
Que le mineur descend dans les ténèbres.
Là ou l'on cherche, on cherche toujours du pain.
Que la maison est vide s'il est absent !
Lui seul instaure entente et unité,
Qu'il manque la haine s'installe dans la famille.
Femme, temple, enfant vie pieuse ou mort facile
De toutes les choses le pain est la meilleure."

Le premier auteur français à y faire allusion est Chrétien de Troyes qui, en 1170, écrivit cette *Plainte des ouvrières :*
"Toujours draps de soie tisserons
Et n'en serons pas mieux vêtues
Toujours serons pauvres et nues
Et toujours faim et soif aurons ;
Jamais tant gagner ne saurons
Que mieux en ayons à manger
Du pain en avons sans changer
Au matin peu et au soir moins ;
Car de l'ouvrage de nos mains

N'aura chacune pour son vivre
Que quatre deniers de la livre."

Jean de La Fontaine qui n'écrivit pas que des fables se fait sentencieux en matière galante :
"En l'amoureuse loi,
Pain qu'on dérobe et qu'on mange en cachette
Vaut mieux que pain qu'on cuit et qu'on achète."

Dans *Le bourgeois gentilhomme* de Molière, Dorante parle *"d'un pain de rive* (cuit sur le bord du four), *à biseau doré, relevé de croûte partout, croquant tendrement sous la dent"*.

Voltaire reconnaît l'importance du pain quand il écrit : *"Si les habitants voluptueux des villes savaient ce qu'il en coûte de travaux pour se procurer du pain, ils seraient effrayés."*

En 1840, Pierre Dupont écrivit *Le chant du pain* :
"On n'arrête pas le murmure
Du peuple quand il dit : j'ai faim,
Car c'est le cri de la nature :
Il faut du pain."

C'est pour avoir volé du pain que Jean Valjean est condamné dans *Les misérables* de Victor Hugo, l'auteur de *La saison des semailles* :
"Pendant que, déployant ses voiles,
L'ombre, où se mêle une rumeur,
Semble élargir jusqu'aux étoiles
Le geste auguste du semeur."

En 1870, Arthur Rimbaud s'intéresse lui aussi au pain par l'entremise du boulanger :
"Noirs dans la neige et dans la brume
Au grand soupirail qui s'allume
Leurs culs en rond.
À genoux, cinq petits, misère !
Regardent le boulanger faire
Le lourd pain blond.
Ils voient le fort bras blanc qui tourne
La pâte grise et qui l'enfourne

Dans un trou clair.
Ils écoutent le bon pain cuire
Le boulanger au gras sourire
Grogne un vieil air.
Ils sont blottis, pas un ne bouge
Au souffle du soupirail rouge
Chaud comme un sein.
Quand pour quelque médianoche
Façonné comme une brioche
On sort le pain.
Quand, sous les poutres enfumées,
Chantent les croûtes parfumées
Et les grillons.
Que ce trou chaud souffle la vie
Ils ont leur âme si ravie
Sous leurs haillons.
Ils se ressentent si bien vivre
Les pauvres jésus pleins de givre
Qu'ils sont là tous.
Collant leurs petits museaux roses
Au treillage, grognant des choses
Entre les trous.
Tout bêtes, faisant leurs prières
Et repliés vers ces lumières
Du ciel rouvert.
Si fort qu'ils crèvent leur culotte
Et que leur chemise tremblote
Au vent d'hiver."

La même année, Paul Verlaine écrit :
"C'est la fête du blé, c'est la fête du pain
Aux chers lieux d'autrefois revus après ces choses !
De lumière si blanc que les ombres sont roses."

À Janine Desmars-Deshors, nous devons *Un pain rêvait*
"Un pain rêvait...
Sa chair était blanche,
Sa croûte était blonde,
Il rêvait...
Rêvait du champ doré,
Du champ où il est né,
Des épis lourds,
Du vent dans les épis,
Du gars et de la fille,
Qui s'aimaient
Dans les épis serrés,
Du bleu des bleuets,

Du bleu du ciel d'été.
Un pain rêvait...
Rêvait de la farine
Dans les sacs enfermée,
De la farine fine,
De la farine blanche
Qui se glisse partout :
Les fentes du parquet,
Les poutres du plafond
Les cheveux du meunier
Les fils de l'araignée.
Un pain rêvait...
Rêvait du boulanger
Et du petit mitron
De son béret tout rond,
Et du grand four brûlant
Que vient lécher la flamme,
La flamme longue et rouge
Qui vous dore et vous cuit.
Des panières d'osier,
Des toiles entassées.
Un pain rêvait...
Rêvait de la boutique
Aux pains bien alignés,
Au gros, large et ventru
Pour nombreuse famille.
À la fine baguette
À la maigre ficelle,
Aux petits, aux moyens,
Aux coupés, aux entiers,
Et aux clients pressés.
Un pain rêvait...
Rêvait à la prière
Qui se dit par le monde,
Quand le pauvre ou le riche,
Chez lui, ou dans l'église,
Demande à Dieu le Père
Dans sa langue natale,
Ou dans l'ancien latin,
Qu'il nous donne aujourd'hui,
Notre pain quotidien.
Un pain rêvait..."

Paul-André Kugler, quant à lui, écrivit un autre hymne au pain :
"Chauds et frais champs de blé que la main du mortel
Honorera, demain, d'un pain reconnaissant !
Ardent limon de France et qui dresse à l'autel,
Rayonnant d'un cantique et charnel et puissant,

Tout l'humble éclat de vivre épris de la moisson
Recueillant – grâce aux cieux ! – l'angélus éternel !
En voyant ces grands dons, les cœurs à l'unisson
Sont joints devant le Maître au renom paternel.
Beaux et doux champs de blé qu'un jour on a semés,
Emplis de flamme et foi ! Voici leurs ornements
Assouvis de soleil et de Cérès aimés !
Un chant borde, infini, ces dorés mouvements,
Chers et dont les humains, totalement charmés,
Empressés de bénir, auront les agréments."

Autres louanges, anonymes celles-là, dans *Le poème du pain* :
"Je veux chanter le pain magnifique et serein,
Où l'âme de la terre et du soleil repose,
De leurs souffles unis profondément empreint,
Le pain plus doux-fleurant qu'une haleine de rose.
Je veux vanter le pain présent dans le rayon,
Dans ce vouloir secret du sol que fend la joue ;
Dans l'averse nacrée au revers du sillon
Et dans son odorante et palpitante boue.
Je veux chanter le pain à l'immense saveur,
Évoquant l'horizon jusqu'au ciel déroulé
Quand le soleil aimant et lourd s'est déroulé
Sur l'automne plaintive et qui tendrement meurt.
Le pain mélodieux où revit la cadence
Des hymnes largement qui charment les labours,
Si pleines de sagesse et de haute éloquence,
Sous les brumes d'octobre étalant leurs velours.
Je veux chanter le pain à la saveur active
Ressuscitant le geste où le semeur s'exerce,
Quand, mesurant son pas au refrain qui le berce,
Il lance dans l'air d'or les grains dont l'or s'avive.
Le pain tout pénétré des agrestes saveurs
D'avril riant et nu parmi les haies en fleurs,
Tandis qu'à ses chansons, en leurs clairs idiomes,
Répondent, frissonnants aux brises bleues, les chaumes.
Ce pain dont le trésor se crée matériel
Sous les midis virils, robustes et sans voiles
Et dans ces nuits pâlies qui mènent par le ciel
Moissonné, nos désirs tremblants glaneurs d'étoiles.
Je veux chanter le pain et ses mille ferments,
Son goût : plus émouvant qu'un accord, qu'un poème,
Le pain né du baiser profond de l'élément,
Le pain fruit de la terre et du soleil qui s'aiment.
Son goût d'aube et de nuit, de printemps et d'automne,
Réunissant l'odeur des saisons et des heures ;
Le pain qui dans le sang royal et pur demeure,
Aux battements du cœur magnifiquement sonne.

Je veux chanter le pain jaillissant de l'éteule
Comme un grand fleuve ardent ; le pain rythmiquement
Battu par les fléaux, secoué par le van,
En écume d'argent, découlant de la meule ;
Aux poutres du moulin jetant des voies lactées,
Le pain, quand on y mord, suscitant l'harmonie
Des huches, de la vanne aux larmes entêtées
Et le tic-tac sans fin des bavardes trémies.
Et le pain vigoureux que son levain soulève
En prenant son essor au fond du vieux pétrin.
Le pain épris de vivre encore, le pain qui rêve
À côté du four d'or ouvrant son large écrin
Je veux chanter le pain tout en blancs aromates
Que la vieille servante a pétri dans la maie
Dont boucle mollement la délicate pâte
Plus secret et plus doux qu'un clair de lune en mai.
Le pain vivant, montant jusqu'au bord des corbeilles
En l'ombre sourde et douce éparse autour de lui,
Tandis qu'à la croisée obscurément reluit,
Irisant sa poussière, un peu d'aube vermeille.
Le pain, dans la fournaise, exalté, frémissant.
Et répandant partout, plus sacré que l'encens,
Plus vieux que l'encens, son admirable odeur,
Le pain glorifiant mon rêve et mon labeur."

Dans *les vraies richesses*, Jean Giono a su décrire admirablement les sensations éprouvées à déguster du pain : *"Je le goûte, mais, bien avant, j'ai été saisi par l'odeur. Le goût est pareil. L'odeur monte à travers le palais et elle revient dans le nez comme si j'avais encore le petit bout de pain dans les doigts, et il est déjà une pâte sous les dents du fond, et je l'avale. L'odeur et le goût restent. Le mot "blé" a tout de suite un sens […] Ce pain est venu et tout a changé car il a apporté avec lui le souci du pain et la joie du pain. Et ça n'est ni un petit souci, ni une petite joie, car le pain à mon avis signifie une chose terriblement grande."*

En 1940, Antoine de Saint-Exupéry dans *Pilote de guerre* marque son attachement au pain en ces termes : *"Le pain joue tant de rôles ! Nous avons appris à reconnaître dans le pain, un instrument de la communauté des hommes, à cause du pain à rompre ensemble. Nous avons appris à reconnaître, dans le pain, l'image de la grandeur du travail, à cause du pain à gagner à la sueur de son front. La saveur du pain partagé n'a point d'égale."*

Charles Trenet, Léo Ferré et Georges Brassens ont chanté le pain, chacun à sa manière. Le plus touchant est sans Brassens dans la *Chanson pour l'Auvergnat* :
"Elle est à toi cette chanson
Toi l'hôtesse qui sans façon
M'as donné quatre bouts de pain
Quand dans ma vie il faisait faim.
Toi qui m'ouvris ta bouche quand
Les croquantes et les croquants
Tous les gens bien intentionnés
S'amusaient à me voir jeûner.
Ce n'était rien qu'un peu de pain
Mais il m'avait chauffé le corps
Et dans mon âme il brûle encore
À la manière d'un grand festin."

LE THÉÂTRE

Au Moyen Âge, lors de la représentation des mystères sur les parvis des églises et des cathédrales, le pain était souvent présent dans ces pièces d'inspiration religieuse.

Dans la *Farce du savetier*, on peut entendre ce dialogue :
Audin, savetier :
"Je me plains fort des boulangers
Qui font si petit pain."
Audette :
"C'est pour croître leur butin
…Et pour leurs filles marier"

Au siècle dernier, Jules Renard écrivit *Le pain de ménage*. Paul Claudel est l'auteur d'une pièce intitulée *Le pain dur*, tandis que nous devons *Le commerce du pain* à Bertold Brecht. La troupe du *Bread and Puppet Theatre* distribue du pain cuit par les acteurs eux-mêmes aux spectateurs pour les convaincre que le théâtre est aussi indispensable aux hommes que le pain.

En 1975, lors des représentations de *Faust-Salpêtrière*, d'après Gœthe, c'est tout le décor qui est fait de pains.

LE CINÉMA

Muet ou parlant, le cinéma, depuis ses débuts, a mis en scène le pain. L'attachant Charlot qu'obsède sans trêve la recherche du pain est dans toutes les mémoires. Le roman de Xavier de Montepin, *La porteuse de pain*, porté à l'écran en 1930 fit pleurer nos grand-mères. La crise de 29 et la misère qui sévit aux USA inspira à King Vidor *Notre pain quotidien* qui retrace la vie endurée par les agriculteurs, leurs espoirs, leurs joies de vaincre les éléments ligués contre eux.

En 1939, Marcel Pagnol tourne *La femme du boulanger*, classique parmi les classiques où Raimu incarne un boulanger quitté par sa femme. De désespoir, il décide de ne plus faire de pain. Tous les habitants viennent le soutenir dans sa peine. Nul ne peut se passer de pain.

Henri Verneuil réalise *Le boulanger de Valorgue* en 1952. Fernandel interprète le rôle du boulanger d'un village imaginaire qui refuse l'enfant naturel de son fils et menace de priver de pain tous ceux qui, dans le village, seraient en désaccord avec lui.

En 1958, Pierre Prévert présente *Paris mange son pain*. Dans ce court métrage, le texte de son frère Jacques est dit par Germaine Montero sur une musique d'Henri Crolla.

À quarante ans de distance, Georges Rouquier tourne *Farrebrique* (1945) et *Briquefarre* (1985). Cette œuvre décrit la vie quotidienne d'une famille de paysans. Dans le premier, les moissons se font encore à la main et le chef de famille tranche le pain cuit au four de la ferme. Quarante ans plus tard, le machinisme a fait son entrée, la télévision et la voiture font désormais partie du décor mais le four à pain ne cuit plus rien.

Dans *Diva*, de Jean-Jacques Beneix, Richard Bohringer fait l'apologie de la tartine à la baguette dans une des scènes du film.
Il montre le beurre :
"- Il faut qu'il soit à bonne température !
(Il présente les différents éléments)
- La baguette… le couteau, pas trop mince… mais pas trop épais.
(Il découpe la baguette entière) :
- La mie fraîche… mais pas trop ! Ah, c'est tout un art ! On nous envie dans le monde entier pour ça, nous autres, les Français. Tu étales…
(Il commence à beurrer d'un geste large) :
- Il y en a qui se défoncent à la colle d'avion, à la lessive… enfin des trucs compliqués, quoi ! Moi, mon satori, c'est ça : le zen dans l'art de la tartine ! Regarde…, tu peux regarder : il y a plus d'couteau, y a plus d'pain, y a plus d'beurre. Il y a plus qu'un geste qui se répète, un mouvement, le vide…

LA TÉLÉVISION

La télévision nous a permis de voir de nombreuses adaptations d'œuvres littéraires. *Le pain des rêves* de Louis Guilloux, *Le pain noir* de Georges-Emmanuel Clancier, *Le pain quotidien* et *Le pain de soldat* d'Henri Poulaille, *Le pain perdu* de Paul Pélot, *Le pain et la boulange* de Jean Follain.

Au cours d'un épisode des *Cinq dernières minutes* intitulé *Le goût du pain*, le commissaire Cabrol enquête sur l'assassinat d'un boulanger dans son fournil. Il nous fait pénétrer dans les coulisses d'une boulangerie où nous voyons s'élaborer le pain.

BIBLIOGRAPHIE

OUVRAGES GÉNÉRAUX

BURÉ Jean (sous la direction de),
le Pain
(actes du colloque du CNERNA, Paris,
novembre 1977)
Éditions du CNRS, 1979

DUHAMEL Jérôme,
Sandwich à la folie
Éditions Flammarion, 1988

DUPAIGNE Bernard,
le Pain
Éditions La Courtille, 1979

LELONG Maurice,
Célébration du pain
Éditions Robert Morel, 1963

MONTANDON Jacques,
le Bon Pain des provinces de France
Éditions Edita-Lazarus, 1979

DURAND Pierre & SARRAU Marcel,
le *Livre du pain*
Éditions du Rocher, 1973

THIS Hervé,
les secrets de la casserole
Éditions Belin, 1993

TOUSSAINT-SAMAT Maguelonne,
Histoire naturelle et morale de la nourriture
Éditions Bordas, 1987

OUVRAGES TECHNIQUES

ALAIS C. & LINDEN G.,
Biochimie alimentaire
Éditions Masson, 1987

BELLAMY M.,
Levure et Panification
Éditions Fould-Springer/Techno-Nathan, 1988

CALVEL Raymond,
le Goût du pain
Éditions Jérôme Villette, 1990

DUBOIS Félix-Urbain,
la *Boulangerie d'aujourd'hui*
Éditions Flammarion, 1933

GUINET Roland,
Technologie du pain français
Éditions B. P. I., 1992

MALOUIN Paul-Jacques,
Description et détails des arts du meunier, du vermicelier et du boulenger
Paris, 1767. Réédité en Fac-similé en 1988 par les éditions Les Points cardinaux.

VIARD Jean-Marie,
le *Compagnon boulanger*
Éditions Jérôme Villette, 1982

HISTOIRE DU PAIN

BOUYER Christian,
Folklore du boulanger
Éditions Maisonneuve et Larose, 1984

CACÉRÈS Bénigno,
Si le pain m'était conté
Éditions La Découverte 1986

MOREL Ambroise,
Histoire illustrée de la boulangerie en France
Éditions du Syndicat patronal de la boulangerie de Paris et de la Seine, 1924

REVUES

CHIRON Hubert,
"L'évolution technologique en boulangerie française : méthodes, équipements, adjuvants" (in *Industries Alimentaires et Agricoles*, 111e année, n° 1-2, janvier-février 1994. Science Technique économie agro-alimentaire), 1994

REMERCIEMENTS

Madame Pascale Viron,
Éditeur associé
Mademoiselle Sylvie Dupré,
Documentaliste
du Syndicat patronal de la boulangerie
de Paris, Hauts-de-Seine, Seine Saint-Denis et Val-de-Marne

Monsieur François Bigot,
Boulanger, Paris
Monsieur Hubert Chiron
Responsable du fournil expérimental de l'INRA, Nantes
Monsieur Nicolas Petit,
Boulanger, Paris
Monsieur Patrice Tireau,
Responsable du centre de perfectionnement de la minoterie Viron